MI GENTE:

In Search of the Hispanic Soul

RAFAEL FALCÓN

Saludos,

Rafael Falcón

4/10/08

A BILINGUAL COLLECTION

Cursack Books

Publicado en los Estados Unidos de América por **CURSACK BOOKS**.

Cursack Books
31 Hubbard Rd.
Dover, NH 03820
U.S.A.
info@cursackbooks.com
www.cursackbooks.com

Ilustración de cubierta: Lawrence Greaser
Diseño de cubierta: Guillermo Alonso
Edición: Nora Hanine, Nora Cursack y Laura Cursack
Dirección y coordinación: Laura Cursack y Nora Cursack

Primera edición, 2008
Biblioteca del Congreso: 2008927534
ISBN 13 dígitos: 978-1-933439-16-7
ISBN 10 dígitos: 1-933439-16-5
Impreso en Canadá: 10 9 8 7 6 5 4 3 2 1

To my Papi, Ramón Falcón Vázquez,
who nurtured my curiosity and spirit of searching.

To my wife, Christine,
who has inspired me to search with new eyes.

A mi Papi, Ramón Falcón Vázquez,
quien nutrió mi curiosidad y mi espíritu de búsqueda.

A mi esposa, Christine,
quien me ha inspirado para buscar con nuevos ojos.

Acknowledgements/Agradecimientos

This book would have never been written without the skillful assistance and contributions of many people. First of all, I would like to extend my gratitude to my dear wife, Christine, for her faithful support in this venture, for her patience in editing the manuscript, and for her many helpful suggestions.

I would also like to give a special word of thanks to Judith M. Davis, my esteemed colleague, not only for her astute editorial comments and observations, but also for her unconditional support and sincere interest in my projects.

Also, I want to express my appreciation to Jessica L. Smucker, a creative writer and adept editor, for her constructive criticism and suggestions; to Idna Castellón Corbett, a university administrator, for her meticulous work in both versions; and to Elizabeth M. Smucker for her many relevant recommendations to strengthen the manuscript.

Finally, I acknowledge my gratitude to my people, *mi gente*, for providing me the essential environment for my journey in search of the Hispanic soul.

Este libro nunca hubiera sido una realidad, sin la diestra ayuda y las contribuciones de muchas personas. Antes que nada, quisiera agradecerle a mi querida esposa, Christine, por su fiel apoyo en esta empresa, por su paciencia al corregir el manuscrito, y por sus muchas sugerencias útiles.

También me gustaría ofrecer unas especiales palabras de agradecimiento a Judith M. Davis, mi estimada colega, por sus astutas observaciones y comentarios editoriales, pero, sobre todo, por su apoyo incondicional y su sincero interés en mis proyectos.

Además, deseo expresarles mi aprecio a Jessica L. Smucker, escritora de arte creativo y hábil editora, por sus sugerencias y su crítica constructiva; a Idna Castellón Corbett, administradora universitaria, por su minucioso trabajo en ambas versiones; y a Elizabeth M. Smucker por sus muchas y acertadas recomendaciones para fortalecer el manuscrito.

Finalmente, reconozco mi gratitud a "mi gente" por proveerme el ambiente imprescindible para mi peregrinación en busca del alma hispánica.

Note/Nota

This bilingual collection that in Spanish would be entitled *Mi gente: en búsqueda del alma hispana,* does not present a literal translation of each short story. The author has taken the liberty to play with the beauty and the power of the written word in both languages.

In addition, the collection is a work of fiction and, as such, any similarity between the characters appearing in the stories and any real persons is purely coincidental.

It should be mentioned, also, that the short stories "Souls of the Caribbean Sun" and "El Moreno" (English version) appeared earlier in the series *What Mennonites are Thinking* (1998 and 2002, respectively).

Esta colección bilingüe, que en español lleva el título de *Mi Gente: en búsqueda del alma hispana,* no presenta una traducción literal de cada cuento. El autor se ha tomado la libertad de jugar con la belleza y el poder de la palabra escrita en ambos idiomas.

Además, la colección es una obra de ficción y, como tal, cualquier parecido entre los personajes que aparecen en esta y cualquier persona real es pura coincidencia.

Valdría la pena mencionar que los cuentos "Souls of the Caribbean Sun" y "El Moreno" (versión en inglés) aparecieron anteriormente en la serie *What Mennonites are Thinking* (1998 y 2002, respectivamente).

Contents/Índice

Foreword

It is both a pleasure and an honor to write this appreciation of *Mi Gente: In Search of the Hispanic Soul*, Rafael Falcón's second book of memories and reflections of Hispanic life. In the first, *Salsa: A Taste of Hispanic Culture* (1998), he introduced us to aspects of Hispanic culture as varied as the spices in the condiment that gives the book its name, prefacing each explanation of customs, pastimes, religion, and relationship with a vignette of his own life. At the conclusion of *Salsa*, he says that "Hispanics are people of the heart, and people of honor, dignity, respect, and defined beliefs." He describes them as "energetic, emotive, and life-filled." The episodes of *Mi Gente* furnish illustrations of these descriptions, adding vivid pictures of both ancestors and contemporaries and limning their roles in community, church, legend, and history.

In this volume, too, he recounts a universal yet very personal quest, as old as that of Odysseus: the expatriate's search for meaning and family in the land which gave him life, summed up in the Greek *nostoi*-a word even more emotionally charged than the English *nostalgia*- which expresses a wanderer's longing for home, despite moments or even years of happiness in another land. This longing often intensifies during middle age, when people allow themselves to think more deeply about their ancestors and the country of their origin. With *Mi Gente*, Falcón follows this path and returns to the island of his birth. Using anecdotes which are touching and amusing by turns, calling upon memories of a Puerto Rico of the past as well as Latin American venues of the present, he shares five stages of the exile's journey: (re)learning one's heritage, recognizing one's homeland, venturing deeper into the culture, seeing as an outsider, and feeling as an insider.

Mi Gente stands proudly on the shelf of Hispanic memoirs which have appeared during the past several years: Esmeralda Santiago's *When I was Puerto Rican*, Sandra Cisneros' *The House on Mango Street*, Richard Rodríguez' *Hunger of Memory*, and John Phillip Santos' *Places Left Unfinished at the Time of Creation*. Not only are these testimonies important in their own right, but they also remind us that all of us are immigrants to this country, and all of us have roots in another place and time. Many, if not most of us, also feel, at some time in our lives, the urge to connect with our families and countries of origin.

Like his counterparts in *Mi Gente*, Falcón teaches at a small Midwestern college, making time, after a busy day of teaching, to write numerous articles as well as scholarly books. One theme he has developed is the Puerto Rican emigration to New York as it appears in the Puerto Rican novel and short story. One of his books deals with the thematic importance of African blacks in the stories of four Puerto Rican writers. It appears that his scholarly work constitutes a kind of prelude to these memoirs, a way of working up to writing about people and matters even closer to the heart. We can only be grateful that he has chosen to share his heart's concerns with us.

Judith M. Davis, Ph.D.
Professor Emeritus of French and Humanities
Goshen College

Prefacio

Es un placer y un honor escribir este reconocimiento de *Mi gente: en búsqueda del alma hispana*, el segundo libro de Rafael Falcón acerca de sus memorias y reflexiones de la vida hispana. En el primero, *Salsa: A Taste of Hispanic Culture* (1998), él nos introdujo aspectos de la cultura hispánica tan variados como las especias en el condimento que le da título al libro, introduciendo cada explicación de las costumbres, los pasatiempos, la religión y las relaciones personales con una viñeta de su propia vida. En las conclusiones de *Salsa*, él dice que "los hispanos son gente del corazón y gente de honor, dignidad, respeto y creencias definidas". Los describe como "enérgicos, emotivos, y llenos de vida". Los episodios de *Mi gente* ilustran estas descripciones, añaden retratos vívidos de antepasados y contemporáneos e iluminan sus roles en la comunidad, la iglesia, la leyenda y la historia.

En este volumen, también, él narra una búsqueda universal y, a la vez, muy personal, tan antigua como la de Odiseo: la del expatriado que busca un sentido y una familia en la tierra que le dio vida. Todo esto se puede resumir en la palabra griega *nostoi,* una palabra todavía más emocionalmente cargada que la inglesa *nostalgia*, la cual expresa el anhelo del desarraigado por su tierra, a pesar de haber vivido momentos, y hasta años, de felicidad en otro país. Este deseo, generalmente, se intensifica durante la mediana edad, cuando la gente se permite pensar más profundamente acerca de sus antepasados y su país de origen. En *Mi gente*, Falcón sigue este sendero y regresa a la isla que lo vio nacer. Por medio de conmovedoras y divertidas anécdotas, y utilizando memorias de un Puerto Rico del pasado, tanto como fuentes latinoamericanas del presente, él comparte cinco etapas de la peregrinación del exiliado: (re)aprender la propia herencia, reconocer la tierra natal de uno, aventurarse a fondo en la cultura, ver como extranjero y sentirse como oriundo del país.

Mi gente se ubica orgullosamente en el estante de memorias hispanas que han visto la luz durante los últimos años: *Cuando era puertorriqueña*, de Esmeralda Santiago, *La casa en Mango Street*, de Sandra Cisneros, *Hunger of Memory*, de Richard Rodríguez, y *Places Left Unfinished at the Time of Creation*, de John Phillips Santos. Estos testimonios no son solamente importantes de por sí, sino que también nos recuerdan que todos nosotros somos inmigrantes en este país, y todos tenemos raíces en otro tiempo y en otro lugar. Muchos, si no la mayoría de nosotros, hemos sentido, alguna vez en la vida, el deseo ardiente de conectarnos con nuestra familia y nuestro país de origen.

Como sus homólogos en *Mi gente*, Falcón enseña en una universidad pequeña del Mediano Oeste y se hace tiempo, después de un atareado día de enseñanza, para escribir numerosos artículos, tanto como tomos académicos. Uno de los temas que él ha desarrollado es el de la emigración puertorriqueña a Nueva York, como aparece en la novela y el cuento puertorriqueños. Otro libro trata de la importancia temática de lo afronegroide en los cuentos de cuatro escritores puertorriqueños. Parece que su trabajo académico constituye una especie de preludio a estas memorias, una manera de prepararse para escribir sobre la gente y los asuntos todavía más cercanos al corazón. Nosotros, simplemente, debemos estar agradecidos de que él haya escogido compartir sus asuntos del corazón con nosotros.

Judith M. Davis, Ph.D.
Profesora Emérita de Francés y Humanidades
Goshen College

The Search: Uncovering the Rich Essence

La búsqueda: descubrir la rica esencia

Souls of the Caribbean Sun

We had just backed up to turn around on a dead-end street when one of the rear wheels got stuck in the steadily deepening snow. The search for a residential address in this university city we had just recently called home had brought us to the unfamiliar area. I kept pressing the accelerator, trying to free both our old vehicle and us from this frozen trap on that cold, cold January night. Yet the wheel continued creating a deepening hole, worsening our situation and spattering the snow that was falling endlessly like the torrential rains of the tropical paradise I had left behind. It was late and the conditions were not improving. I was concerned about my wife and our three-year-old, but especially about our newborn. The side street seemed dreadfully quiet, particularly on this chilly snowy night in the Midwest. No one took notice of our dilemma. No one, that is, except for one curious neighborhood resident. I had observed movement behind the curtains in a nearby house and had seen a man's face silhouetted against the window pane. Obviously he was investigating with discretion the action going on in his front yard. That was the only sign of life.

My feeling of helplessness cast a shadow of longing over me. In my hometown, a crowd would have gathered around us by now, curious but ready to help. Good-naturedly, they would have pushed this car out of its trap, as some helpful bystanders did for my family many years ago. Those good-natured folks worked together to liberate my parents' yellow '57 Chevy from its muddy dirt-road rut in *el campo* in Puerto Rico. This great act of hospitality created a big impact in the memory of a ten-year-old boy.

Without such help, I asked my wife to handle the steering wheel while I did some manual persuasion. But, after just a few minutes, my hands and feet felt colder than I had ever experienced in my whole life on an Antilles island. Pushing that heavy pile of metal, my mind traveled several thousand miles south. I remembered the warmth and hospitality of my people, the gentle waves caressing palm-studded beaches, and the fresh evening breezes rustling through green banana leaves. I thought about the distant language whose idiosyncrasies I understood so well. Spanish, the voice in which I could express myself easily, was suddenly not the main mode of communication anymore. Here, I felt like a child with limited capacity to express my thoughts. Here, people didn't seem to listen past my accent. Here, my interlocutors tilted their heads puzzled much like Negui, my childhood dog, when he was trying to figure out a strange noise.

At that moment the abrupt slam of a door interrupted my thoughts. I looked up to see that a car had parked a short distance away, and that two men were approaching us. The darker one spoke first.

"Do you need some help?"

I detected a very familiar accent, sweet to my ears and spirit. I wondered if he might be Hispanic and felt a tremendous desire to ask him. In my short time at the university, though, I had quickly learned that a person who looked like me might, in fact, speak another of Earth's many languages. So caution curbed my enthusiasm, and I responded in English with my nearly frozen tongue doing irreparable damage to my pronunciation.

"Yes, I do need help."

"*Pues, vamos a meterle mano,*" he said, looking at the lighter-skinned one, who up to this time had remained quiet. "Let's get to it," he repeated as though suddenly aware he had spoken in Spanish.

My heart gave a leap of joy and I hastened to assure myself that this man spoke my language.

"You speak Spanish?" I immediately asked.

"Sure, *chico*, I am Dominican. I am *quisqueyano*. My friend is Cuban, so we are both pure *caribeños.*"

"Really," I responded with excitement, "how long have you been living here?"

"We've been here for several years. But as a Puerto Rican friend of ours says, our *mancha de plátano* clearly shows yet," he answered with a mischievous smile.

We all laughed together. I realized with deep satisfaction that we all understood perfectly the context and the meaning of the expression.

"Well," I remarked, "it looks as though we have formed here

the Caribbean alliance many patriots and politicians have dreamed about. I am Puerto Rican. I am *boricua!*"

Not even the bright tropical sun that warms our homeland islands could have outshone the warmth that permeated our spirits on that cold winter night. We immediately shook hands and introduced ourselves. In our short exchange I learned that Daniel and Félix were also university students. Each of us had arrived at this place with different backgrounds and under different circumstances, but fate had granted us a favor: it had united us, far from home, on this chilly snow-filled street. It was as though the shared language of our Hispanic souls had made a long-distance telepathic call, and had just connected.

Now, we still had the arduous task of unearthing the car, so we proceeded to work together, in harmony, pushing the vehicle out of its frozen rut. Common language and warm and joyous laughter echoed through the tranquility of the night despite the demanding job. With extraordinary cooperation, we were soon able to free the tire from the hole it had created.

I expressed my heartfelt thanks and we exchanged again a round of hearty fraternal handshakes. As my new friends returned to their car, we called out to each other, *"¡Nos mantenemos en comunicación!"* It was as though we were saying, "We are here to help each other; we are soul companions."

Then, my young family and I drove away from this now-hallowed site. I had found community and could leave this place with hope-hope that similar expressions of solidarity would continue to create many more liberating opportunities such as the one I had just experienced. Even though the snow was still falling and the cold was intense, I felt a warmth of spirit as strong and incandescent as the Caribbean sun.

Almas del sol caribeño

Habíamos acabado de retroceder para virar en una calle sin salida, cuando una de las llantas traseras se atascó en la incesante y profunda nieve. La búsqueda de una dirección residencial en esta ciudad universitaria, donde nos acabábamos de mudar, nos había llevado a esta desconocida área. Yo seguía empujando el acelerador, tratando de liberar a ambos, al viejo vehículo y a la familia, de esta trampa congelada en esa fría fría noche de enero. Pero la llanta continuó cavando un profundo hueco, empeorando así nuestra situación y salpicando la blanca nieve que caía sin cesar, como las lluvias torrenciales del paraíso tropical que yo había abandonado.

Era tarde y las condiciones no estaban mejorando. Yo estaba preocupado por mi esposa y por nuestro hijo de tres años, pero, particularmente, por nuestro bebé recién nacido. Esta calle secundaria parecía terriblemente callada, sobre todo, en una noche como esta en el Mediano Oeste. Nadie se dio cuenta de nuestro dilema. Nadie, es decir, excepto por un curioso residente del vecindario. Yo había observado movimientos detrás de las cortinas en una casa cercana y había visto la silueta de la cara de un hombre pegada al cristal de la ventana. Obviamente, él estaba observando discretamente la acción que ocurría en el patio delantero de su casa. Esos eran los únicos indicios de vida.

Mi sentimiento de incapacidad me echó una sombra de nostalgia. En mi pueblo, una muchedumbre ya se hubiera congregado alrededor de nosotros, curiosos, pero listos a ayudarnos. Con buen humor, hubiesen liberado el carro de su trampa como lo hicieron con mi familia unos serviciales transeúntes muchos años atrás. Estos hospitalarios campesinos habían liberado el Chevy del 57 amarillo de mis padres del lodo de una carretera rural en Puerto Rico. Este gran acto de hospitalidad creó un gran impacto en la memoria de un niño de diez años.

Ya que no tenía esa clase de ayuda, le pedí a mi esposa que manejara el volante, mientras yo hacía algunas maniobras. Pero después de sólo unos cuantos minutos, las manos y los pies se me pusieron más fríos de lo que yo jamás había experimentado en mi

22

vida entera, en mi pequeña isla antillana. Empujando ese montón de metal pesado, mi mente se trasladó hacia el Sur, a miles de millas de distancia. Recordé la calidez y la hospitalidad de mi gente; las gentiles olas que acariciaban las playas cubiertas de palmas y las frescas brisas del anochecer que soplaban entre las verdes hojas de guineo. Pensé en mi distante lenguaje, cuyas idiosincrasias yo entendía tan bien. El español, la lengua en que yo podía expresarme con suma facilidad, de súbito, ya no era mi modo de comunicación principal. Aquí, me sentía como un niñito con una capacidad limitada para expresar mis pensamientos. Aquí, la gente no parecía escuchar más que mi acento hispánico. Aquí, mis interlocutores volteaban la cabeza, confundidos, como lo hacía Negui, el perro de mi niñez, cuando trataba de descifrar un ruido extraño.

En ese momento, un abrupto portazo interrumpió mis pensamientos. Levanté la cabeza y me di cuenta de que un carro se había estacionado cerca de nosotros, y de que dos hombres se nos acercaban. El más moreno habló primero.

—*Do you need some help?*

Inmediatamente detecté un acento muy familiar y placentero a mis oídos y a mi espíritu. Me pregunté si él sería hispano y tuve unos inmensos deseos de preguntarle. Sin embargo, en mi corta estadía en la universidad, había aprendido rápidamente que una persona, aunque se parezca a mí, podría hablar, de hecho, otro de los muchos idiomas del planeta Tierra. Este sentido de precaución me quitó un poco el entusiasmo. Entonces, le contesté en inglés, con mi lengua casi congelada que hacía un daño irreparable a la pronunciación.

—*Yes, I do need help.*

—Pues, vamos a meterle mano —dijo él, mirando al más blanco, que hasta ese momento se había mantenido callado.

—*Let's get to it* —repitió, como si, de pronto, se hubiera dado cuenta de que había hablado en español.

Mi corazón saltó de gozo y me apresuré a asegurarme de que el hombre hablaba mi mismo idioma.

—¿Usted habla español? —le pregunté con entusiasmo.

—Claro, chico, yo soy dominicano. Soy quisqueyano. Mi amigo es cubano. En sí, los dos somos puros caribeños.

—¿De veras? —respondí con entusiasmo—. ¿Cuánto

tiempo hace que ustedes viven aquí?

—Hace varios años que vivimos aquí. Y como dice nuestro amigo puertorriqueño, todavía se nos nota la mancha de plátano —contestó él con una traviesa sonrisa.

Todos nos reímos. Me di cuenta, con júbilo, de que todos entendimos perfectamente el contexto y el sentido de la expresión.

—Pues —exclamé—, parece que aquí tenemos la alianza del Caribe con la cual muchos patriotas y políticos han soñado. Soy puertorriqueño. ¡Soy boricua!

Ni el brillante sol tropical que calienta nuestras patrias podría haber brillado más fuerte que la cordialidad que penetró nuestros espíritus esa fría noche de invierno. Inmediatamente nos dimos unos buenos apretones de mano y nos presentamos. En nuestro corto intercambio supe que Daniel y Félix también eran estudiantes universitarios. Cada uno de nosotros había llegado a este lugar con diferentes trasfondos y bajo circunstancias diferentes, pero ahora, el destino nos había jugado una partida: nos había unido en una lejana y extraña calle llena de nieve. Fue como si el lenguaje común de nuestras almas hispanas hubiese hecho una llamada telepática de larga distancia y hubiera establecido conexión.

Ahora, todavía teníamos la ardua faena de desenterrar el carro. Procedimos, entonces, a trabajar juntos, en armonía, empujando el vehículo fuera de su congelada zanja. Un lenguaje común y una jubilosa y cálida risa resonaron en la tranquilidad de la noche, a pesar de la exigente tarea. Con una intensa cooperación, pronto pudimos liberar la llanta del hueco que había creado.

Les expresé mi sincera gratitud y nos dimos, otra vez, unos fraternales apretones de mano. Mientras mis nuevos amigos regresaban a su carro, nos dijimos unos a los otros:

—¡Nos mantenemos en comunicación!— como si estuviéramos diciendo "Estamos aquí para ayudarnos, uno al otro. Somos hermanos del alma".

Entonces, mi joven familia y yo nos alejamos de este, ahora sagrado, sitio. Yo había encontrado comunidad y ahora podría irme de este lugar con esperanza, la esperanza de que expresiones de solidaridad similares continuarían creando muchas más oportunidades de liberación, como la que yo acababa de experimentar. Aunque la nieve todavía estaba cayendo y el frío era intenso, sentí una calidez en el alma tan fuerte e incandescente como el sol caribeño.

The Reflection of My Essence

I stare intently at myself in the mirror. Dark brown eyes look back at me. I see a face framed by thick, coarse hair. The lips are pronounced; the ears and nose are small. My skin is a deep suntan brown. My reflection shows a beautiful mixture of races: Caribbean Indian, Spanish, and African. I am Puerto Rican, Hispanic, *Latino*.

I continue to stare, fascinated, into the mirror. I see a lizard doing sit-ups on my bedroom wall. A branch of red hibiscus flowers undulating in the island breeze nods at me through the screen door. A *reinita* in our neighbor's yard, perched on a flowering *flamboyán* tree, pours out her song. A *coquí* bravely emerges from under a rattan rocking chair on the porch and joins his comrades in their nightly chorus as twilight disappears behind the mountains.

My mirror reflects things treasured by the *puertorriqueño, hispano, latino* in me. It reveals rich traditions, elegant crafts, and rhythmic, passionate music. I see Abuela Tona stirring a savory *sancocho*, her African great-grandmother's favorite stew. I see Abuelo Mónico leading a neighborhood rosary service, impressive in appearance with attractive thick hair and sparkling blue eyes, gifts from his African and Spanish ancestors. I see my brother, José, passionately beating Afro-Caribbean rhythms on his dinner plate. I see my sister, Monín, dancing her favorite *merengue,* her slender body melting into movement while her feet intuitively step to the beat. I see Tío Joaquín carving the Three Kings out of fine wood with extreme care. I see my cousin Armando, guitar in hand, strumming a lilting *aguinaldo.* I see my own youthful hands cradling the curved-gourd *guiro,* while I accompany him, the rhythm absorbing me.

I see *Don* Cisco pushing a gaily painted cart slowly up my village street, carrying a huge chunk of sparkling ice and slender bottles featuring snow cone flavorings: coconut, pineapple, tamarind. I see my friends at a roadside, laughingly swapping stories as we refresh ourselves with cups of very cold *mabí* and crunchy golden *alcapurrias,* hot from the frying pan. Oh, I can see so many treasured things!

Then, as I look deeper into the mirror, geographical boundaries melt away. Times and places blend. I see the rhythmic ebb and flow of waves caressing sandy beaches: the Mediterranean, the Atlantic, the Caribbean, and the Pacific. I see, in Central America, delicate smoke spirals rising from the cooking-pot crater of *Volcán Poás*, glowing cinders cascading down the slopes of the shapely *Volcán Arenal*, and the cold moon crater of the sleeping *Volcán Irazú*.

I see the legacy of my indigenous past: the architectural wonders of the Aztecs, Mayas and Incas; and the mythical craftwork of the *Taínos*. I see the exuberant African heritage with its captivating music and throbbing rhythms. I see idiomatic eloquence and cultural idiosyncrasy, rich gifts from the Spaniards.

I look even further. I see the boundless imagination and keen literary skills of my culture's writers: the quixotic adventures of Cervantes, the quirky magical realism of García Márquez, the seductively romantic poems of Neruda, the playful short stories of Borges. I see the invigorating musical compositions coming from brilliant minds: the yearning melodies of Puerto Rican Rafael Hernández, the classical chords of Spaniard Andrés Segovia, the unforgettable boleros of Mexican Armando Manzanero, the catchy story lyrics of Guatemalan Ricardo Arjona, the cadencies of Cuban Compay Segundo.

I look into the mirror and capture more than my reflection. I see that I am more than brown skin, black hair, and brown eyes. The mirror shows me a beautiful, rich and unique heritage that is a part of me, my essence. In fact, I see that I am, in reality, a reflection of this heritage. Wherever I go, I can do so with pride, knowing that I am who I am: *puertorriqueño, hispano, latino*. Indeed, as the self that looks into that mirror changes with time, my gleaming friend will always be there to proudly reflect the essence of my self.

El reflejo de mi esencia

Miro fijamente mi reflejo en el espejo. Me miran unos ojos color marrón oscuro. Veo una cara rodeada de un pelo grueso y tosco. Los labios son acentuados; las orejas y la nariz son pequeñas. Mi tez es de un color bronceado oscuro. Mi reflejo muestra una hermosa mezcla de grupos raciales: indiocaribeño, español, africano. Soy puertorriqueño, hispano, latino.

Continúo mirando fijamente, fascinado, el espejo. Veo una lagartija haciendo flexiones en la pared de mi habitación. Una rama con flores rojas de hibisco que ondula en la brisa isleña me saluda por la puerta de tela metálica. Una reinita en el patio de nuestros vecinos, encaramada en un árbol de flamboyán florecido, entona su canción. Un coquí surge valientemente de debajo de una mecedora de paja que está en el balcón y se une a sus camaradas en sus coros nocturnos, mientras que el crepúsculo desaparece detrás de las montañas.

Mi espejo refleja cosas atesoradas por el puertorriqueño, el hispano, el latino que hay en mí. Revela ricas tradiciones, artesanías elegantes y música rítmica y apasionada. Veo a abuela Tona meneando un sabroso sancocho, el plato favorito de su bisabuela negra. Veo a abuelo Mónico dirigiendo un rosario vecinal y desplegando un atractivo pelo grueso y unos resplandecientes ojos azules, regalos de sus antepasados españoles y africanos. Veo a mi hermano, José, tocando apasionadamente ritmos afrocaribeños en su plato de comida. Veo a mi hermana, Monín, bailando su merengue favorito, su esbelto cuerpo fundiéndose en el movimiento, mientras que sus pies intuitivamente mantienen el ritmo. Veo a tío Joaquín tallando en madera fina, con extrema delicadeza, la figura de los Tres Reyes Magos. Veo a mi primo Armando rasgueando, en su guitarra, un melodioso aguinaldo. Veo mis propias manos juveniles acunando el corvo güiro, mientras yo lo acompaño, y el ritmo me absorbe.

Veo a don Cisco empujando lentamente, calle arriba, un pintoresco carrito de piraguas con un gigantesco pedazo de hielo y desplegando un montón de botellas con sabores de coco, piña, tamarindo. Veo a mis amigos en un quiosquito, a la orilla de la carretera, intercambiando historias entre risas, mientras nos refrescamos con un vaso de mabí bien frío y matamos el hambre con una crujiente y doradita alcapurria acabadita de freír. ¡Ah!, puedo ver tantas cosas atesoradas.

Entonces, mientras miro con más profundidad en el espejo, y desaparecen las fronteras geográficas. Los tiempos y los lugares se entremezclan. Veo el rítmico vaivén de las olas del mar acariciando las playas arenosas del Mediterráneo, del Atlántico, del Caribe y del Pacífico. Veo, en Centroamérica, las espirales delicadas de humo brotando con forma de olla de cocina del cráter del volcán Poás; las carbonillas resplandecientes, deslizándose por las faldas del bien formado volcán Arenal y el frío cráter lunar del durmiente volcán Irazú.

Veo el legado de nuestros antepasados indígenas: las maravillas arquitectónicas de los aztecas, los mayas y los incas; y las míticas artesanías de los taínos. Veo la exuberante herencia africana con su cautivante música y su palpitante ritmo. Veo el encantador idioma y la idiosincrasia cultural que nos obsequiaron los españoles.

Busco todavía más allá. Veo la poderosa imaginación y las gloriosas páginas escritas por autores hispanos: las quijotescas aventuras de Cervantes, el peculiar realismo mágico de García Márquez, los seductores poemas románticos de Neruda, los cuentos juguetones de Borges. Veo la vigorizante música de brillantes mentes: las añorantes melodías del puertorriqueño Rafael Hernández, los acordes clásicos del español Andrés Segovia, los inolvidables boleros del mexicano Armando Manzanero, las pegadizas historias del guatemalteco Ricardo Arjona, la cadencia del cubano Compay Segundo.

Me miro en el espejo y capturo más que mi reflejo. Veo que soy más que sólo tez trigueña, pelo negro y ojos color marrón. El espejo me muestra una hermosa, rica y única herencia que es parte de mí, mi esencia. De hecho, veo que soy, en realidad, un reflejo de esta herencia. Por dondequiera que vaya, puedo andar orgulloso de ser lo que soy: puertorriqueño, hispano, latino. Sin lugar a dudas, como el ser que se mira en el espejo cambia con el tiempo, mi resplandeciente amigo siempre estará presente para reflejar orgullosamente la innegable esencia de mi yo.

Felícita's Gift

It happened in 1865. It was a dark night of the soul. Yet, in its occurrence and through its passage, it has infused life with richness and joyous diversity. So it was then, and so it will continue to be for generations to come.

Young Felícita's ebony body shivered under the penetrating gaze of the hacienda's owner. The Spaniard, a man her grandfather's age, had stalked her for the last couple of months, a menacing figure in the background of her daily life. Rumors darted through her frightened mind reminding her of all those stories heard on the slave grapevine about the sexual deeds of the Díaz patriarch. She felt powerless before his desire, a pawn to be played in a game not of her making.

Then, one ominously dark day, Felícita found herself too far behind the other coffee pickers. Coming unnoticed from behind, the aggressor grabbed her, and covering her mouth, wrestled the young woman to the ground. Fear took possession of her body and silenced her. In the horror of the reality, tears escaped from under her tightly shut eyelids. Only the fluttering leaves of the coffee bushes and a few birds picking on ripe beans witnessed the event. The man satisfied his lust.

Felícita gave birth to a boy and named him Emanuel. The hacienda's owner refused to accept the infant as his own. So the young mother gave him all the ancestral connection she could provide: her own last name, Labrador.

The boy grew up on the farm of his conception. At seven, Emanuel learned to pick coffee beans when they were ripe. That same year, 1873, the Caribbean country of our story abolished slavery, which meant that the young mother and her son were free to leave the hacienda whenever they wished. They now faced new challenges: where to live and what to do in order to survive. So, joining others like themselves, they created new communities in the valley and in the mountain slopes of the nearby town. These neighborhoods had colorful and descriptive names: *La Uña* (The

Fingernail), *El Coquí* (The Coquí Tree Frog), *La Barriada de los Perros* (The District of the Dogs), *La Plata* (The Silver). Though the homes were constructed of any available materials, and municipal planning was nonexistent, this meant home and freedom. Felícita was able to build a small hut in *La Plata* and to work as a maid to support her son.

As a mulatto in the obscure small town in the mountains, Emanuel did not have the opportunity to acquire a formal education, so he began working as a peon for *Don* Paco Gil, one of the rich Spaniards in town. When he was fourteen, a charming young woman named Marta, a *criolla* and the daughter of a poor farmer, captivated his heart. Marta, light-skinned from Spanish parentage, was equally attracted to Emanuel and his light-toned skin, fine features and curly rope-like hair, hair that visibly connected him to his ethnic background.

Marta and Emanuel eloped and then moved in with Mama Fela, as the now older Felícita was addressed. They lived with her until they were able to afford their own small house. As the years went by, the family grew to eleven and survived on the meager income Emanuel brought home. It was "pennies" they earned, not *pesetas*: their Caribbean island was now part of the great Empire of the North.

Clara was the eighth child of Emanuel and Marta. Like her father, Clara had light skin; yet she possessed the telltale hair texture of her Black heritage. She was an attractive young woman with small features, black hair, and snappy dark eyes. One day, a visiting family friend left his white stallion tethered in their front yard. Clara, without the permission of the owner, mounted and headed down the road to the country store.

Ultimately, this joyride and horse became the synchronistic link for the next generation. When Clara arrived at the country store and turned to head back home, the animal refused to go one step further. The horse stubbornly ignored the kicking in its ribs, the slapping of reins on its neck, and the shouts and pleas in its ears. Clara finally reached her wit's end. At that precise moment, a good-looking man with dark bronze skin, blue eyes and black hair offered to help. Gently guiding the horse, he rescued her from further embarrassment before the gathering onlookers, escorted her home, and, in this manner, walked into her life. Agustín, whose ancestry came directly from Spain, and Clara were married in 1945.

Since I, their oldest son, was quite perceptive as a child, I noticed my parents' and siblings' differing ethnic characteristics. All reflected the richness and variations in skin tones, eye color, facial features and hair texture and color. In particular, I noticed that while my mother was as white as an *americana*, even with freckles sprinkling her nose, her hair was very wavy and thick as rope. When my curiosity reached a peak, I decided to ask her about it.

"*Mami*," I queried, "why do you and *abuelo* have such thick hair, like Blacks, when you are white?"

"*Mi hijo*," she responded, surprised, while the spoon she was using to stir the *arroz* halted in mid-circle. "Don't you know the story of your great-grandmother?" I had asked a simple, innocent question but the answer I received became central to my identity. With it, I encountered, for the first time, the narrative of my ancestry.

When Mami had finished telling me the story, she fitted the lid snugly onto the rice pot, turned to me, and said something I will never forget.

"Camilito," she smiled, "now you know you have a drop of black blood that runs in your veins, and will continue to flow for generations to come."

And she was right. Today, my grandchildren, the fifth generation since Felícita, display, along with their blue eyes and light skin, the feature of beautiful curly dark hair. More than a century later and some two thousand miles north from where it all began, her descendants continue to reflect a rich diversity. All of this ethnic treasure is a reality, thanks to the invaluable gift from Felícita.

El regalo de Felícita

Pasó en 1865. Era una noche negra para el alma. Sin embargo, lo que sucedió y el paso del tiempo, han infundido en la vida, una rica y alegre diversidad. Así fue en ese tiempo y así continuará siendo generación tras generación.

El cuerpo de ébano de la joven Felícita tembló bajo la mirada penetrante del dueño de la hacienda. El español, un hombre de la edad de su abuelo, la había acosado durante los últimos meses, con su amenazante figura, en el trasfondo de su vida diaria. Los rumores se precipitaban por su atemorizada mente; eran cuentos que se oían entre los esclavos, acerca de las hazañas sexuales del patriarca de los Díaz. Ella se sentía impotente ante su deseo, una ficha que se jugaría en un partido que ella no había iniciado y en el que tampoco deseaba participar en lo mínimo.

Entonces, un día oscuro de mal agüero, Felícita se encontró muy lejos de los otros recolectores de café. El agresor, que llegó desde detrás sin ser visto, la agarró, le cubrió la boca y la tiró al suelo. El temor se apoderó de su cuerpo y la silenció. Las lágrimas brotaron de sus párpados herméticamente cerrados al horror de la realidad. Sólo las revoloteantes hojas de los arbustos de café y varios pájaros que picoteaban los granos maduros presenciaron el acontecimiento. El hombre satisfizo su lujuria.

Felícita dio a luz a un niño y lo llamó Emanuel. El dueño de la hacienda rehusó aceptar al infante como uno de su familia. Así que la joven madre le dio a su hijo toda la conexión a sus antepasados que le podía proveer: su propio apellido, Labrador.

El niño se crió en la finca donde fue concebido. Cuando Emanuel tenía siete años, aprendió a recoger los granos de café cuando estaban maduros. Ese mismo año, 1873, el país caribeño de nuestra historia abolió la esclavitud, así que la joven madre y su hijo eran libres y podían marcharse de la hacienda cuando lo desearan. Ellos ahora enfrentaban nuevos desafíos: dónde vivir y qué hacer para poder sobrevivir. Se unieron a otros como ellos y crearon nuevas comunidades en el valle y en la falda de la montaña del pueblo cercano. Los vecindarios tenían nombres descriptivos y llenos de color: "La Uña", "El Coquí", "La Barriada de los Perros", "La Plata". Aunque las casitas se construían de cualquier material disponible, y la planificación municipal no existía, esto era "hogar" y "libertad". Felícita pudo construir una chocita en La Plata y trabajar de criada para mantener a su hijo.

Emanuel, como mulato en un oscuro pueblito de las montañas, no tuvo la oportunidad de una educación formal, así que comenzó a trabajar como peón para don Paco Gil, uno de los españoles ricos del pueblo. A los catorce años, se enamoró perdidamente de una encantadora jovencita llamada Marta, una criolla hija de un agricultor pobre. A Marta, que era blanca y sus padres españoles, la atrajo la piel clara de Emanuel, sus finas facciones y su rizado pelo, grueso como la soga, aspecto que lo conectaba visiblemente a su trasfondo étnico.

Marta y Emanuel se fugaron y se fueron a vivir con Mamá Fela, como ahora llamaban a una Felícita ya mayor. Vivieron con ella hasta que pudieron tener su casita. Tuvieron nueve hijos y la numerosa familia sobrevivió con el escaso ingreso que se ganaba Emanuel. Eran "centavos" los que se ganaban, no "pesetas", ya que su isla caribeña era ahora parte del gran Imperio del Norte.

Clara era la octava de los hijos de Marta y Emanuel. Ella, como su padre, tenía la piel clara, pero poseía la delatadora textura de cabello de su herencia negra. Era una atractiva joven con facciones pequeñas, pelo negro y juguetones ojos oscuros. Un día, un visitante de la familia dejó su caballo blanco amarrado en el patio frente a la casa. Clara, sin el permiso del dueño, se montó en la bestia y se dirigió hacia la tiendita del barrio.

Al final, este viaje de placer y este equino se convertirían en el eslabón sincrónico para la próxima generación. Cuando Clara llegó a la tienda y trató de virar para regresar a la casa, el corcel rehusó dar un paso más. El caballo, tercamente, ignoró las patadas en las costillas, los azotes de las riendas en el cuello y los gritos y las súplicas en las orejas. Clara, finalmente, agotó todos los recursos. En ese preciso momento le ofreció ayuda un buen mozo de piel morena, ojos azules y pelo negro. Él manejó el caballo con gentileza, la rescató de sufrir más vergüenza ante los espectadores allí reunidos, la llevó a la casa, y de esta manera entró a su vida. Agustín, cuyos antepasados vinieron directamente de España, y Clara se casaron en 1945.

Como yo, el hijo mayor de la pareja, era bastante perspicaz de niño, noté las diferentes características étnicas de mis padres y hermanos. Todos reflejaban la riqueza y la variedad de tonos de piel, color de ojos, facciones, y color y textura de cabello. En particular, noté que, aunque mi madre era blanca como una "americana", hasta con pecas que le salpicaban la nariz, su pelo era muy ondulado y grueso como una cuerda. Decidí preguntarle, cuando mi curiosidad llegó al extremo. Así que lo hice.

—Mami —pregunté—, ¿por qué abuelo y tú tienen el pelo tan grueso, como los negros, cuando ustedes son blancos?

—Mi hijo —respondió sorprendida, mientras la cuchara que usaba para menear el arroz se detuvo a media vuelta—, ¿tú no conoces la historia de tu bisabuela?

Yo había preguntado algo simple e inocente, pero la contestación que recibí se hizo medular a mi identidad. Con ésta, encontré, por primera vez, la narración de mis antepasados.

Cuando mami había terminado de contarme la historia, ajustó bien la tapa de la olla de arroz, se volteó hacia mí y dijo algo que nunca olvidaré.

—Camilito —sonrió—, tú ahora sabes que tienes una gota de sangre negra que corre por tus venas, y continuará fluyendo por generaciones y generaciones.

Y mami tenía razón. Hoy día mis nietos, la quinta generación de Felícita, despliegan, junto con sus ojos azules y una piel blanca, un bello y ondulado pelo negro. Más de un siglo después y a unas dos mil millas de distancia de donde comenzó todo, sus descendientes continúan reflejando esta rica diversidad. Todo este tesoro étnico se hace realidad gracias al invalorable regalo de Felícita.

La Voz

"La actividad de esta tarde va a ser en la high school," announced the radio host on his Saturday morning program, notifying listeners of the upcoming local high school event. *"And remember, fill out that census form. Porque nosotros tenemos que hacernos contar. We have to make our people count. Don't be afraid. All information is confidential."* This radio station aired English programming all week but reserved Saturday mornings for Spanish-language listeners, a necessary service to the growing Hispanic population in our small Midwestern town.

"La adivinanza para hoy es: largo, largo como un pino y pesa menos que un comino," continued *La Voz*, the voice behind the station microphone, tantalizing callers to guess a riddle. This had been my father's favorite in Puerto Rico. I could almost see the merry twinkling of his eyes as he challenged his companions. "It's as tall, as tall as a pine tree," he would banter, "yet it weighs less than a cumin seed." Then, as they shook their heads, he would laugh. "Smoke," he would say, "rising smoke." I understood why *La Voz* included these linguistic puzzles in his program repertoire. The Hispanic population in town hungered for their cultural heritage, and sharing riddles, tongue twisters, and jokes was an ideal way to keep it alive.

"Ahora vamos a oír 'Ella y él' del guatemalteco Ricardo Arjona. Now we are going to hear 'She and He' from the Guatemalan singer and composer Ricardo Arjona." This was customary for *La Voz*: a comment in Spanish followed by an explanation in English with a strong Spanish accent. Sometimes it was a literal translation. Other times, *La Voz* would give detailed information or a description in Spanish with a terse English follow-up. Occasionally, the English was very expressive, wandering freely from the original Spanish comment. *"Esta canción va dedicada a todos los guatemaltecos de la Calle Ochooo. This song is dedicated to all the Guatemalans, living on Eighth Streeeeet. Luego toco algo CALIENTE de México para que no se enoje NADIE. Later I will play something HOT from Mexico so nobody gets MAD."*

La Voz did a bit of everything; his mission was, clearly, to reach all types of listeners in this mainly English-speaking town. Music was the primary intermediary between *La Voz* and his public. I recognized rhythms, styles, and instruments from Spain, Mexico, South and Central America, the Caribbean islands, and Hispanic communities in the United States. I had to admit that *La Voz* had chosen an eloquent vehicle to present, promote, and maintain cultural identity and solidarity.

In addition, it was obvious that *La Voz* clearly enjoyed every minute behind the microphone. The program, undoubtedly, was in tune with Hispanic culture, language and thought. Was it perhaps because the man behind *La Voz* was of a first generation of immigrants and his native music and folklore resonated with childhood memories? Or was he of a second generation, a product of newcomers to the country who provided a home environment that said a passionate "yes" to the present as well as to the past? What were the beliefs of *La Voz*? What were the challenges he encountered in everyday life in Midwestern America? What inspired that determination evident in his tone? What was the source of his enthusiasm?

I wondered about his children. Were they in the local high school? Would they also have language skills adequate to host a bilingual radio program? Would they have an accent like *La Voz*, which hinted at cultural richness, of living everyday life with an expanded worldview?

The last strains of the program's theme song were fading. Another Saturday morning had passed. It had been a time for me to feed my cultural hunger; I felt refreshed and energized. *La Voz* could go home now. I, too, had things to do.

La Voz

"La actividad de esta tarde va a ser en la *high school*", anunció el locutor radial en su programa de los sábados por la mañana, y notificó así, a los radioyentes, acerca de la próxima actividad en el colegio local. *"And remember, fill out that census form. Porque nosotros tenemos que hacernos contar. We have to make them count us. Don't be afraid. All information is confidential"*. Esta estación radial transmitía programación en inglés toda la semana, pero reservaba las mañanas sabatinas para radioescuchas hispanos, un servicio necesario para la creciente población hispana en nuestro pueblito del Mediano Oeste.

"La adivinanza para hoy es: largo, largo como un pino y pesa menos que un comino", continuó La Voz, esa voz detrás del micrófono, tentando a los oyentes a descifrar la adivinanza. Esta había sido la favorita de mi padre en Puerto Rico. Yo casi podía ver el alegre parpadeo de sus ojos mientras él desafiaba a sus acompañantes. "Es largo, largo como un pino", bromeaba, "y pesa menos que un comino". Entonces, mientras estos meneaban la cabeza, él se reía. "Humo", decía, "una columna de humo". Yo, ciertamente, podía entender por qué La Voz incluía estos rompecabezas lingüísticos en el repertorio de su programa. La población hispanohablante del pueblo anhelaba mantener viva su herencia cultural. Las adivinanzas, los trabalenguas y los chistes eran una forma idónea de alcanzar este objetivo.

"Ahora vamos a oír 'Ella y él' del guatemalteco Ricardo Arjona. *Now we are going to hear 'She and He' from the Guatemalan singer and composer Ricardo Arjona"*. Esta era la costumbre de La Voz: un comentario en español seguido por una explicación en inglés con un fuerte acento español. Algunas veces era una traducción completamente literal. Otras veces, La Voz ofrecía información detallada o una descripción en español, y agregaba una concisa explicación en inglés. Ocasionalmente, el inglés era bien expresivo, divagando libremente del comentario original en español. "Esta canción va dedicada a todos los guatemaltecos de la Calle Ochooo. *This is dedicated to all Guatemalans living on Eighth Streeeet*. Luego toco algo CALIENTE de México para que no se enoje NADIE.

38

Later I will play something HOT from Mexico so nobody gets MAD".
La Voz hacía de todo un poco; su misión era, claramente, alcanzar a todo tipo de radioescuchas en un pueblo donde el vehículo principal de comunicación era el inglés. La música era el principal intermediario entre La Voz y su público. Yo reconocía ritmos, estilos e instrumentos de España, México, Centro y Sudamérica, las islas del Caribe y de las comunidades hispánicas de los Estados Unidos. Tuve que admitir que La Voz había escogido un elocuente vehículo para presentar, promover y mantener la identidad y la solidaridad culturales.

Era obvio, además, que La Voz disfrutaba cada minuto detrás del micrófono. El programa, indudablemente, estaba a tono con la cultura, el idioma y el pensamiento hispánicos. ¿Era, tal vez, porque el hombre de la voz pertenecía a una primera generación de inmigrantes y su música y su folklore le traían memorias de su niñez? ¿Era, tal vez, uno de la segunda generación, producto de recién llegados al país, quienes proporcionaron un ambiente hogareño que proclamaba un apasionado "sí" tanto a lo actual como a lo pasado? ¿Cuáles eran las creencias de La Voz? ¿Cuáles eran los retos que él enfrentaba en su diario vivir en los Estados Unidos? ¿Qué inspiró la determinación tan evidente en su tono de voz? ¿Cuál era la fuente de su entusiasmo?

Me preguntaba acerca de sus hijos. ¿Asistían al colegio local? ¿Tendrían habilidades lingüísticas adecuadas para dirigir un programa radial bilingüe? ¿Tendrían un acento como La Voz, que nos aludía a una riqueza cultural, la de vivir todos los días con una visión mundial extensa?

Los últimos sones del tema musical del programa se desvanecían. Había transcurrido otra mañana sabatina. Había sido la ocasión para que yo pudiera alimentar mi hambre cultural. Ya me sentía fresco y vigorizado. La Voz podía marcharse ahora. Yo también tenía cosas que hacer.

.

The Search: Returning to My Roots

La búsqueda: el regreso a mis raíces

Uncle Tony

From the first time I saw him, he had my absolute attention. He stood tall among the townsfolk, and his light skin and blue eyes were a sharp contrast to the well-tanned dark-eyed islanders. He wore a black suit and tie despite the scorching tropical sun, and he smoked cigars large enough to be the envy of Fidel Castro. The way he spoke Spanish was the most ludicrous: He claimed to be Puerto Rican, yet spoke with labored fluency and a strong English accent. He appeared entirely quixotic to my adolescent eyes.

He lived in an apartment on the second floor of my father's small clothing store. He had initiated the tradition of coming down every afternoon to chat with my father over a cup of black coffee. The coffee, he said, tasted as if it had been grown and brewed in Paradise; it was so thick and strong that the stirring spoon could have stood upright in it. He began this tradition upon discovering that my father attended a church directed by the *menonitas*, or Mennonites, from the *Estados Unidos*. He must have seen in my father the fusion of his own Puerto Rican roots with that of *los americanos*, the culture in which he had lived for decades.

My father told me that this gentleman, already in his late sixties, had moved to the Island from New York City with his wife and a German Shepherd dog. Shortly after that, his North American spouse, not able to integrate into small-town Caribbean life, left him to return to the mainland. As if that were not enough, his dog, a much appreciated pet, well-admired by the townspeople and very devoted to his master, was causing him allergies. So Uncle Tony —as he requested that we children call him— was forced to make the very difficult decision to part with his only other companion. Now, he was completely alone, in a place so familiar to him, and yet, at the same time, so strange.

Uncle Tony always tried to engage us in a conversation about his earlier years on the Island, his painful experiences in New York City schools, and his job as a CPA. He especially tried to talk to me. There were six children in my family; I never understood why he chose me. Perhaps it was because I was the oldest of my siblings. Perhaps he just liked me best. Or, perhaps, he saw a trait that would cause me, like him, to jump *El Gran Charco*, "the Big Puddle," as we, on the Island, call the Atlantic Ocean. Whatever his reasons, I was not receptive to his attempts to connect with me; I was just incapable of understanding.

Now, more than thirty years later, I reminisce about this singular character of my early life. The sad reality is that I know very little about him. I am uncertain how old he was when he moved to New York City or how many years he lived there. I do not know what family he might have left behind in The Big Apple. In my memory, details elude me regarding possible struggles he may have experienced with language, culture, and climate. I don't even know his real name. The one thing of which I am convinced is that Uncle Tony, after many years of absence from his beloved island of birth, felt the urgent need to return. His yearning to identify with his rich and humble roots had brought him home.

These days I find myself pondering and cherishing the thoughts, feelings, and circumstances that possibly formed part of his journey. I wish I could have the opportunity to listen to him once more—to converse with him over a cup of that fabled strong black coffee on a sunny Caribbean afternoon. You see, now, and only now, I am beginning to understand the restless spirit of Uncle Tony.

Tío Tony

Desde la primera vez que lo vi, se apoderó absolutamente de mi atención. Él era mucho más alto que los pueblerinos, y su piel blanca y sus ojos azules establecían un agudo contraste con los bien bronceados isleños de ojos oscuros. Llevaba corbata y traje negros, a pesar del abrasador sol caribeño, y fumaba unos cigarros que encelarían hasta al comandante Fidel Castro. La forma en que hablaba español era lo más absurdo de todo. Decía que era puertorriqueño; sin embargo, hablaba español con gran dificultad y tenía un fuerte y distintivo acento estadounidense. Parecía completamente quijotesco ante mis ojos de adolescente.

Vivía en un apartamento en el segundo piso de la tiendita de ropa de mi padre. Había comenzado la tradición de bajar todas las tardes a platicar con él, mientras se tomaban una tacita de café negro; un café, decía, que sabía como si hubiera sido cultivado y colado en el Paraíso; era tan espeso y fuerte que la cucharita se podría quedar paradita en la taza. Él comenzó esta tradición al descubrir que mi padre asistía a una iglesia dirigida por unos menonitas de los Estados Unidos. Tal vez, había visto, en mi padre, la fusión de sus propias raíces puertorriqueñas con la de "los americanos", la cultura en la que él había vivido varias décadas de su vida.

Mi padre me dijo que este caballero, ya en las postrimerías de sus sesenta, había llegado a la isla de la ciudad de Nueva York con su esposa y un perro pastor alemán. Un poquito después, su esposa norteamericana, al no poder integrarse a la vida de un pueblito caribeño, lo abandonó para regresar a los Estados Unidos. Como si esto fuera poco, su perro, un animal doméstico sumamente apreciado, bien admirado por la gente del pueblo y muy devoto de su amo, le estaba causando alergias. Entonces, *Uncle* Tony —así él quería que nosotros, los niños, lo llamáramos— fue forzado a tomar la difícil decisión de deshacerse de su único compañero. Ahora estaba completamente solo, en un lugar que le era tan familiar y a la misma vez tan extraño.

Uncle Tony trataba de conversar con nosotros acerca de su añorada niñez en la Isla, sus amargas experiencias en las escuelas neoyorquinas y su trabajo de CPA, contador público certificado, según decía él. Trataba, especialmente, de hablar conmigo. Éramos seis niños, y yo nunca comprendí por qué él me escogió a mí. Tal vez, porque yo era el mayor de los hermanos. Tal vez era, simplemente, que yo le caía muy bien. O tal vez, él vio en mí la posibilidad de que yo, como él, algún día saltara "El Gran Charco", como nosotros llamamos al océano Atlántico en la Isla. Cualquiera que fuera la razón, yo no era receptivo a sus intentos de conectarnos; era realmente incapaz de entender.

Ahora, más de treinta años después, yo recuerdo a este pintoresco personaje de mi niñez. La triste realidad es que sé muy poco de él. Desconozco cuántos años tenía cuando se mudó a la ciudad de Nueva York o cuántos años vivió allí. No sé qué familia podría haber dejado en la Gran Manzana. En mi memoria, se escapan los detalles de las posibles luchas que él podría haber experimentado con el lenguaje, la cultura y el clima. Ni siquiera sé su nombre verdadero. Lo único de lo que sí estoy convencido es de que *Uncle* Tony, después de muchos años de ausencia de su amada tierra que lo vio nacer, sintió la urgente necesidad de regresar. Su anhelo de identificarse con sus ricas y humildes raíces lo había traído de nuevo al "hogar".

Estos días me encuentro imaginando y apreciando los pensamientos, los sentimientos y las circunstancias que, posiblemente, fueron parte de su viaje por la vida. Ojalá tuviera la oportunidad de escucharlo una vez más, de conversar con él tomando una tacita de ese legendario café negro y fuerte en una soleada tarde del Caribe. Lo cierto es que ahora, y sólo ahora, estoy comenzando a comprender el espíritu inquieto de *Uncle* Tony.

Going Home

"Going home...going home...going home," cycled through my mind as I sped toward the airport. The time had finally arrived. After several years of absence, I was finally going home again. Images danced through my mind: the sweet yellow flesh of tree-ripened mangos, the nectar of a pineapple running down my chin, a succulent *quenepa* nestled in my cheek.

Favorite places played with my anticipation. I would go to Old San Juan and walk its blue and white marbled streets. I would visit the massive fort of El Morro, stand at its high lookout with arms across my chest and face the ocean-swept breeze, tasting the salt on my lips. I wanted to visit all the places that I used to frequent with my family when growing up.

Treasured pictures of loved ones flashed in and out of my memory. I looked forward to sitting at the table with my family, savoring traditional ethnic food, and sharing a *tacita de café* with a friend. Without a doubt, the wonderful opportunity to be again with my people, *mis paisanos, mi gente,* was the most important thing for me.

At the airport I caught a delightful first whiff of that *sabor*. People around me were talking in *puertorriqueño,* their fluid gestures aptly accentuating the conversations, and unrestrained laughter erupting above the hum in the waiting area. "Please, move away from the entrance so people can go through easily," pleaded the airline clerk, her voice carrying a tired edge after repeated requests. I was already beginning to feel at home; my spirit refreshed as if by a rain shower on a steaming tropical afternoon.

"Going home...going home...going home," repeated my mind as I entered the plane and made my way toward the assigned seat. I was going to my island in the Caribbean. But just what did this island mean for me at this point of my life, I wondered, snapping my seat belt together with a philosophical click. Did the place signify for me an official commonwealth territory, a protectorate, a depopulated zone, a people factory, a marketing test group, a sixth borough of New York City, a strategic U.S. military site, one huge fast-food franchise floating in the Caribbean... or a home from the past?

As the plane accelerated down the runway and the upward thrust flattened me against my seat, my thoughts tumbled backwards to the place I was leaving behind. Memories of the satisfying work and community environment that had provided income and support during the past twenty years floated through my mind. I revisited the trip that had brought my young family and me from the Island to a Midwestern university to finish my graduate studies. My wife and I had decided we would stay there for only three years and then, we would return. We had not known that after the desired degree, I would receive an invitation to teach in a university on this side of the Big Puddle, nor that those three years would quickly turn into twenty.

Now, settled into the flight with the seat belt light off and passengers moving comfortably through the aisles, I eased back into my seat and mused. This flight was symbolic of my situation: held in midair between two cultures. "Where do I really belong?" I pondered. "Furthermore, where is home?"

"Vamos bien, gracias a Dios," commented the elderly lady to my right, breaking into my thoughts. "We're having a good trip, thank God! I think this time I am not going to leave the Caribbean. Those Northern winters have been too hard on me!" I smiled at her, understanding her situation well.

"Not me," inserted a youthful voice from my left. "I am on the Island two weeks and then I'm heading back. No questions asked."

Seeing our interest in his comments, he proceeded to tell us his parents had arranged this trip because they wanted him to experience his roots. His grandparents, he said, lived in the center of the Island, and he would be living with them for those two weeks.

"But no way am I staying longer. I have to go back home," he reiterated in English without the slightest Spanish accent.

I smiled as I reflected, "Here I am sitting between them...two homes...in between...going home...where is home?" Then, almost imperceptibly, my thoughts began to make a subtle shift toward clarity. I began to understand that when this plane landed on that beloved Caribbean island, my dear friends and extended family would be waiting for me with open arms, sincerely welcoming me with *"Mi casa es tu casa."* I would cherish every moment with them during those two weeks. Yet, I would feel reassured in knowing that my home is the place where I reside; in that community where I live fully and completely without ever forgetting or denying my roots. So, after two weeks in the home of my birth, I would be ready to go back to the place I had chosen to call home.

Preparations in the plane cabin and the thud of landing gear brought me back to reality. Soon, tall palms and tropical trees defining the nearby coastline blurred past our tiny cabin window. Then came the explosion of applause, a tradition I had grown to appreciate in past trips to Puerto Rico and a ritual not experienced in any other plane landing. Perhaps people applauded because they had arrived safely. Possibly they did so because they were grateful for a nice trip. Or maybe they were simply happy to be home again.

I am not really sure why we clapped. As for me, I was happy to be "home" for two weeks.

De regreso a casa

"Voy para casa…, voy para casa…, voy para casa", me daba vueltas en la mente, mientras avanzaba hacia el aeropuerto. Finalmente, había llegado la hora. Después de varios años de ausencia, por fin iba para casa otra vez. Las imágenes me bailaban en la mente: la dulce pulpa amarilla de un mango madurado en el árbol, el néctar de una jugosa piña que me rodaba por el mentón, una pulposa quenepa acurrucada en mi mejilla.

Mis lugares favoritos me flotaban en la anticipación. Iría al Viejo San Juan y caminaría por sus calles de pulidos adoquines azul y blancos. Visitaría el majestuoso fuerte de El Morro, me pararía en la garita más alta con mis brazos cruzados en el pecho y encararía el fuerte vendaval oceánico, saboreando la sal en mis labios. Yo quería ir a todos los lugares a los que iba con mi familia cuando era niño.

Atesorados retratos de seres queridos me relampagueaban por la memoria. Anticipaba sentarme a la mesa con familiares, saborear comida del país y compartir una tacita de café con un amigo. Sin lugar a dudas, la maravillosa oportunidad de estar otra vez con mi gente, mis paisanos, era lo más importante para mí.

En el aeropuerto absorbí, con placer, la primera bocanada de ese "sabor". Las personas a mi alrededor estaban hablando en puertorriqueño, con sus fluidos gestos que, apropiadamente, acentuaban las diversas conversaciones, y una risa irrestringida estallaba sobre el cotorreo del área de espera. "Favor de despejar la entrada para que la gente pueda pasar con facilidad", rogaba la empleada de la aerolínea. Su voz denotaba un tono de cansancio después de reiteradas peticiones. Ya me estaba comenzando a sentir en casa, con mi espíritu refrescado como por un aguacero en una húmeda tarde tropical.

"Voy para casa…, voy para casa…, voy para casa", repetía mi mente mientras entraba al avión y me dirigía hacia mi asiento. Voy para mi isla del Caribe. Pero, entonces, me pregunté qué significaba esta isla para mí en este momento de mi vida, mientras me abrochaba el cinturón de seguridad con un "clic" filosófico. ¿Era un estado libre asociado, un protectorado, una zona despoblada o una fábrica de gente, un grupo de prueba de mercadeo, un sexto condado de la ciudad de Nueva York, un sitio estratégico del ejército de los EE.UU., una enorme franquicia de comida rápida que flotaba en el Caribe o un hogar del pasado?

Mientras el avión aceleraba por la pista y el empuje ascendente me aplastaba contra el asiento, mis pensamientos me llevaron al lugar que dejaba. Flotaron por mi mente las memorias del buen trabajo y el ambiente comunal que me había apoyado durante los últimos veinte años. Regresé al viaje que había traído a mi joven familia de la Isla a una universidad del Medio Oeste para que terminara mis estudios de postgrado. Mi esposa y yo nos habíamos trazado un plan de tres años para luego regresar. No sabíamos, entonces, que al finalizar el añorado título académico, yo iba a recibir una invitación para enseñar en una universidad en este lado del Gran Charco, y que los tres años se iban a convertir rápidamente en veinte.

Ahora, ya en pleno vuelo, con la lamparita del cinturón de seguridad apagada y los pasajeros movilizándose cómodamente por los pasillos, me acomodé bien en el asiento y medité. Este vuelo era simbólico de mi situación: exactamente, una persona flotando entre dos culturas. "¿A cuál lugar pertenezco?". Más todavía, "¿dónde está mi verdadero hogar? ", pensé profundamente.

—Vamos bien, gracias a Dios —comentó la anciana a mi derecha, interrumpiendo así mis pensamientos—. ¡Llevamos un buen viaje, gracias a Dios! Creo que, esta vez, no voy a dejar el Caribe. Esos inviernos norteños han sido muy fuertes para mí.

Yo le sonreí, —entendiendo muy bien su situación.

—Yo no —dijo una voz juvenil a mi izquierda—. Yo voy a quedarme dos semanas en la Isla y me regreso inmediatamente; sin lugar a dudas.

El chico, viendo nuestro interés en sus comentarios, procedió a decirnos que sus padres habían planeado este viaje porque querían que él experimentara sus raíces. Sus abuelos, dijo, vivían en el centro de la Isla, y él iba a quedarse con ellos durante dos semanas.

—Pero de ningún modo voy a quedarme más de dos semanas. Tengo que regresar a casa —reiteró en un inglés sin el mínimo acento español.

Yo sonreí mientras reflexionaba, "Aquí estoy yo sentado entre ellos..., dos hogares..., en el limbo..., de regreso a casa... ¿Dónde es casa?". Entonces, casi imperceptiblemente, mis pensamientos comenzaron a cambiar levemente hacia la claridad. Empecé a comprender que cuando este avión aterrizara en mi adorada isla caribeña, mis queridos amigos y familiares estarían ahí esperándome con los brazos abiertos para ofrecerme una sincera bienvenida de "mi casa es tu casa". Yo, entonces, atesoraría cada minuto pasado con ellos durante esas dos semanas. Sin embargo, sabía que mi hogar iba a estar en el lugar donde residiera; en dicha comunidad, yo viviría a plenitud, sin nunca olvidar o negar mis raíces. Así que, después de dos semanas en mi lugar de nacimiento, estaría listo para regresar al lugar que había escogido llamar "hogar".

Los preparativos del avión y el golpe sordo del tren de aterrizaje me trajeron de nuevo a la realidad. Pronto las altas palmas y los árboles tropicales que definen el cercano litoral pasaron borrosos por nuestra ventanilla. Entonces, llegó la explosión del aplauso, una tradición que me había acostumbrado a apreciar en otros viajes a Puerto Rico y un ritual no experimentado en otros aterrizajes. Tal vez la gente aplaudía porque había llegado bien. Posiblemente, porque estaba agradecida de haber tenido un buen viaje. O quizás, solamente, porque estaba contenta de estar en casa otra vez.

Yo, realmente, no estaba seguro de por qué aplaudíamos. En mi caso, yo simplemente estaba feliz de estar en "casa", durante dos semanas.

Bless Me, *Padre*

The simple church building felt airy and inviting. My wife and I followed my brother and his family inside. This was their church; we were their guests. The soft light of the early morning Caribbean sun filtered past the propped-open door, while fresh tropical breezes eased their way through open windows on all sides. This ambiance seemed to invigorate the congregational participants. I observed with interest as they moved around freely, talking to each other, shaking hands, and embracing each other.

Then, the music began. The people seated themselves and became attentive. A group on the front platform called our attention— three singers, several guitarists, and a young boy with a *güiro*, a dried gourd. The director, a diminutive and middle-aged man, broadcast energy to his small band, his whole body stepping and swaying to the rhythms of the piece. The music, though not particularly refined, was packed with typical Latin flavor and was spiritually refreshing, especially to me, an Island lad now turned man and visitor to my birthplace.

The music continued, powerful and invigorating. At its most energetic point, a man wearing a clerical robe entered from the rear and walked respectfully down the aisle, carrying in his arms the statue of a preadolescent Jesus. Reaching the front, he put the statue on a small table and then, turning toward us, he adjusted his glasses, thick as the bottom of a bottle, and began reading a biblical passage.

Three sentences into the text, I realized that this priest was reading in Puerto Rican Spanish with a Cuban accent. *Caramba*, such Latin flavor! Within seconds, my mind took a leap into the past, to the well-decorated church of my hometown where I sat beside my father in the pew. In obedience to our tradition, we would go to church and listen to a man in clerical robes conduct the service. The priest of my childhood spoke in Latin with a Galician accent that sounded very strange to me. After the service, we would exit through the large wood-carved doors facing the town plaza, and while skipping down the cement stairs to the street, I could hear my father comment, "*Uno repite como el papagayo,* senseless repetition like a parrot." In my child's world I could understand that. I knew that a parrot constantly repeats things without understanding anything at all.

Then, my memories placed me in another religious setting a small white painted building with two huge and beautiful royal palms in its front. Here, too, I sat beside my father and we listened to a blond-haired man wearing a *guayabera* shirt conduct the service. This time it was in Spanish with a "gringo" accent, but we could understand. The piano music, though, was slow and monotonous. My young ears were more accustomed to guitar strums and Latin beat.

Now, with the scripture already read and its comments completed, the Cuban priest sat down. I observed his scrawny legs below the cassock hem; his feet did not reach the floor. My swallowed chuckle brought me back to "reality." Forty-five years later, I was back. I had returned to a church so familiar, yet so strange. In my absence, the institution had been transformed. I had not been part of the process because, like the famous (or infamous) prodigal son, I had left "home."

At that moment, I heard someone call my name. My sister-in-law leaned across my brother in order to speak to me. "A part of our tradition here," she whispered, "is that as we leave the church, *el padre* blesses whoever desires it. If you are interested, I'll let him know. Shall I say anything to him?" Certainly I was interested, why not?

Outdoors, a warm sun bathed the people waiting to be blessed and those heading homeward. A gentle breeze played with neighboring palms and chased dried leaves and flower petals across a graveled parking area. Conversation and laughter took form and then dissipated as the church building emptied. We blended into the group waiting for the priest's blessing. Standing with us in line were boys with dark, coarse, curly hair and girls with braids down their backs. Some individuals were well dressed, while others displayed a patch or two. Patiently waiting were grandfathers with prune-wrinkles in well-worn faces and grandmothers whose hunchbacks reminded me of the mountains of my childhood setting.

Now it was my turn. Approaching *el padre* to receive a

blessing was a man almost half a century old, one who, on this day, was revisiting the sources of his first religious rituals, including baptism. He was the adult who developed from the lad who had followed his parents into the white church with the royal palms and attended its school. It was he who, at adolescence, chose to be baptized again. Since then, he had served on the denomination's committees and boards, and was currently teaching in one of its higher education institutions. It was this man who wanted to be blessed.

The priest looked at me kindly, placed his hand gently on my forehead, and made the sign of the cross. This act, performed simply and patiently, felt awkward to me after so many years. At the same time, it seemed so familiar, so comfortable, and so natural.

And then it was over. We were finished, ready to go. I was just turning to leave, when I felt a slight tap on my back. It was my wife indicating that she, too, wanted to be blessed. I could not believe it. I used to be a Catholic according to the tradition of my Hispanic roots, but my wife, a North American, daughter of a Protestant pastor, had no such connections. *El padre* asked no questions and graciously bestowed the blessing upon her as well.

Our family group, each one of us in a unique spiritual journey, left with our souls rejuvenated and blessed. As our car merged into the traffic flow of the main thoroughfare, we reflected on the recent events. This morning had been a powerful reminder that, for better or worse, worship and cultural expression seem to be inseparable partners. Nevertheless, the experience of faith, we concluded, transcends geographic and denominational boundaries.

We crossed the bridge over the lagoon that separated my brother's home from the religious gathering of the morning. It was noon, and time to get home.

Bendígame, Padre

El sencillo lugar de adoración se sentía bien ventilado y atractivo. Mi esposa y yo seguíamos a mi hermano y a su familia al interior del edificio. Esta era su iglesia; nosotros éramos sus huéspedes. La tenue luz del mañanero sol caribeño se colaba por la puerta abierta, mientras la fresca brisa tropical se metía, sin mucho esfuerzo, por todas las ventanas abiertas. Este ambiente parecía vigorizar a los feligreses. Yo observaba con interés, mientras estos se movían libremente, conversando, dándose la mano y abrazándose.

Entonces, comenzó la música. La gente se sentó y prestó atención. Un grupo de la plataforma frontal llamó nuestra atención: tres cantantes, varios guitarristas y un niño con un güiro. El director, un diminuto hombre de unos cincuenta años de edad, le irradiaba energía a su pequeña banda, mientras daba pasos, y todo su cuerpecito se movía con los ritmos de la pieza musical. La música, aunque no particularmente refinada, estaba impregnada de un típico sabor latino y era espiritualmente refrescante, especialmente para mí, un isleño que ahora, ya hecho todo un hombre, visitaba la isla que lo había visto nacer.

La música continuaba, poderosa y vigorizante. En su punto más energético, un hombre que llevaba sotana entró por detrás y caminó respetuosamente por el pasillo, cargando en sus brazos la estatua de un Jesús preadolescente. Al llegar al frente, puso la estatua en una mesita y, entonces, volteándose hacia nosotros, se ajustó los espejuelos gruesos como fondo de botella y comenzó a leer un pasaje bíblico.

No había acabado de leer tres oraciones, cuando me di cuenta de que el sacerdote estaba leyendo en puertorriqueño con un acento cubano. ¡Caramba, qué gran sabor latino!, tuve que pensar. En cuestión de segundos, mi pensamiento dio un salto al pasado, a la bien decorada iglesia de mi pueblo donde me sentaba en los bancos al lado de mi padre. En obediencia a nuestra tradición, nosotros asistíamos a la iglesia y escuchábamos a un hombre en sotana conducir la misa. El sacerdote de mi niñez hablaba en latín con un acento gallego que a mí me sonaba muy extraño. Al finalizar la misa, salíamos por las enormes puertas de madera tallada que daban a la plaza del pueblo. Mientras yo me iba saltando por las escaleras de cemento hacia la calle, podía oír a mi padre comentar: "Uno repite como el papagayo, una insensata repetición". En mi mundo de niño, yo podía entender eso. Yo sabía que un papagayo repetía y repetía las cosas sin entender absolutamente nada.

Entonces, mis memorias me colocaron en otro marco religioso, un edificio pequeño pintado de blanco con dos enormes y bellas palmas reales en frente. Aquí, también, me sentaba al lado de mi padre y escuchábamos el servicio dirigido por un hombre rubio que llevaba *guayabera*. Esta vez era en un español con un acento gringo, pero podíamos entender. La música del piano, sin embargo, era lenta y monótona. Mis jóvenes oídos estaban más acostumbrados a los acordes de la guitarra y al ritmo latino.

Ahora, ya con la lectura bíblica y sus requeridos comentarios concluidos, el sacerdote cubano se sentó. Observé sus piernitas bajo el ruedo de la sotana; sus pies no tocaban el piso. El tratar de refrenar mi risa entre dientes me trajo a "la realidad". Yo estaba de regreso cuarenta y cinco años después. Había regresado a una iglesia tan familiar y, a la vez, tan extraña. En mi ausencia, la institución se había transformado. Yo no había sido parte del proceso porque, como el famoso (o infame) hijo pródigo, yo había abandonado "el hogar".

En ese momento, alguien me llamó. Mi cuñada se inclinó frente a mi hermano para poder hablarme.

—Parte de nuestra tradición aquí —murmuró—, es que cuando salimos de la iglesia, el padre bendice al que lo desea. Si tienes interés, yo se lo digo. ¿Le digo algo?

—Ciertamente yo tengo interés, ¿por qué no? —le dije en forma determinante.

Ya afuera, un sol calentito acariciaba a las personas que esperaban para ser bendecidas y a las que se dirigían a su casa. Una gentil brisa jugaba con las palmas adyacentes y perseguía hojas secas y pétalos de flores por el estacionamiento de gravilla. Conversaciones, risas y carcajadas se formaban y luego se disipaban mientras se vaciaba la iglesia. Mi cuñada nos metió en el grupo que esperaba la bendición del padre. En la fila había niños con pelo negro, grueso y rizado, y niñas con trenzas que les colgaban por las espaldas.

Algunas personas estaban bien vestidas, mientras que otras mostraban uno que otro remiendo. Esperando pacientemente, también había abuelos con arrugas de ciruela en sus gastadas caras, y abuelas cuyas jorobas me recordaban las montañas en las que pasé mi niñez. Ahora me tocaba a mí. Se acercaba al padre, para recibir la bendición, un hombre de casi medio siglo de edad, uno que en este día volvía a visitar las fuentes de sus primeros ritos religiosos, incluyendo el bautismo. Era el adulto que se había desarrollado del niño que había seguido a sus padres a la iglesia blanca con palmas reales y que había asistido a la escuela de dicha denominación. Era él quien, de adolescente, escogió el rebautizo, quien había servido en las juntas y los comités de la denominación, y quien, actualmente, enseñaba en una de sus instituciones de educación superior. Era este el hombre que deseaba recibir la bendición.

El sacerdote me miró bondadosamente, me colocó gentilmente las manos en la frente e hizo la señal de la cruz. Este acto, llevado a cabo simplemente y con paciencia, me hacía sentir incómodo después de tantos años. Pero al mismo tiempo, parecía tan familiar, tan confortante y tan natural.

Y entonces, se acabó. Estábamos listos para salir. En el momento en el que me volteaba para irme, sentí un golpecito en la espalda. Era mi esposa indicándome que ella, también, quería que la bendijeran. Yo no podía creerlo. Yo había sido católico, de acuerdo con la tradición de mis raíces hispánicas, pero mi esposa, estadounidense e hija de un pastor protestante, no tenía tales conexiones. El padre no hizo preguntas y, amablemente, le dio la bendición también.

Nuestro grupo familiar, cada uno de nosotros único en su peregrinaje espiritual, salió con las almas rejuvenecidas y bendecidas. Mientras nuestro auto se unía al flujo vehicular de la autopista principal, reflexionamos sobre los acontecimientos recientes. Esta mañana había sido un poderoso recordatorio que, para bien o para mal, la alabanza y la expresión cultural parecen ser compañeras inseparables. A pesar de esta realidad, concluimos que la experiencia de fe trasciende las fronteras geográficas y denominacionales.

Cruzamos, entonces, el puente sobre la laguna que separaba la casa de mi hermano de la reunión religiosa de esta mañana. Era mediodía y hora de llegar a casa.

The Plantain Stain Never Fades

My father shifted his cane from one hand to the other and invited me, "Tell me, my son, what did you see?" So I began the account of my recent trip to Puerto Rico, the country of his birth.

I told him of the beautiful rainforest El Yunque with its playful waterfalls cascading over rock-clustered drops; its flowering impatiens plants in blends of whites, pinks, and reds accenting dark green verdancy; its bird calls and scuttling small animals; and its sudden afternoon rain shower. I painted word pictures for him of the stately and strong El Morro Castle: its lookout towers facing the immense expanse of the open sea; its cold underground spaces of captivity now enlivened by tourist footfall and chatter; its upper deck cannons facing imaginary ships on the horizon; and its piles of fused cannonballs, ideal settings for family pictures. I spoke of the narrow blue-bricked street of Old San Juan, framed by impressive colonial buildings and busy tourist shops.

Then I headed south, taking my father through the mountainous curves and descents in the center of the Island. We traveled descriptively along a centuries-old road flanked by bright orange-flowered *flamboyán* trees, which had been planted by the Spaniards. We refreshed ourselves at a roadside stand featuring shish kabobs right off the grill, served with a slab of crusty *pan de agua*. Then we turned toward the southwest. In a town situated close to the Caribbean coast, we stopped at *Porta Coeli*, one of the oldest churches in the New World. I spent time describing this old building in detail because it was there where, in 1914, my grandparents had carried their infant son, my father, through the huge wooden doors to be baptized. Three years later, his family had moved to the United States, joining other islanders in one of the first mass immigrations to North America, following its invasion of Puerto Rico in 1898.

At that point in my story, I stopped and we sat in silence: my father in his imagination, and I in my memory. Finally, he sighed and said, "My son, you got there before I did."

Only recently had we begun to talk about this, our heritage. Not until now had I started to define the role Puerto Rico had played in my life. He too had just begun to accept its significance in his own life.

My father did not really know the Island but had lived in its shadow for all of his 84 years. He and his parents had settled in a predominantly Latino area in New York City. My grandfather washed dishes in a restaurant and my grandmother worked in a garment factory.

My father always said that I carry an almost eerie resemblance to my grandfather. Actually, the only connection I have with the man, memories included, is a chain with a golden cross that I inherited from him. It has always been an item of great value to me, and, in fact, I wore it the whole time on my trip.

Even though Spanish was my father's first language, he never spoke it in our home. He told my siblings and me that Spanish is a flowery language and rejected it as archaic and of little value. It seems that he never really made a conscious decision not to teach us Spanish. It was just that long before we were born, he had decided that America, the land of immigrants and the melting pot, would allow him to dismiss being Puerto Rican.

In reality, though, his place of origin would not be forgotten. It came back to my father through me, the grandson who resembled his grandfather and whose voice ached to speak *español*. I had always felt a spiritual connection to that land. Perhaps it was because I looked stereotypically Hispanic, Latin, and Puerto Rican. I suspected, though, that it was something deeper, less easily explained by rational thought.

I had heard many statements and questions about my heritage through the years and they kept pounding in my head: Your father speaks Spanish, right? You grew up eating *arroz* and *habichuelas*, right? You have *pasteles* for Christmas Eve, right? You know how to dance *salsa* and *merengue*, right? But, in fact, I did not even learn or have an interest in these things until adulthood.

There was one thing about my heritage that I had heard persistently through the years: my great grandfather was supposedly more Spaniard than Puerto Rican. That belief was always expressed with a great deal of pride, as though this "pure" lineage was somehow better. But as my appreciation for my roots grew through the years I came to realize how limited this view was. I began to recognize that I did not have to be born on the Island of Enchantment to be *boricua*. It became clear to me that the Puerto Rican identity, even yet a sociological reality centuries after Juan Ponce de León, is not made up of just Taíno Indians, or Spanish *conquistadores*, or African slaves. Rather, this Island heritage is a synergistic expression where *el criollo* is undeniably the ethnic and cultural essence of all of its children, no matter where we live.

"Take a lot of pictures," had been the only instruction my father had given me before I left for my trip. "I want to see what everything looks like." Now we were seated at the kitchen table with dozens of prints.

"Look at that architecture, son," he commented, holding a picture of the *Capilla del Cristo* in Old San Juan. "You cannot find anything like that here." He passed the photo on to my mother.

My pictures seemed to trigger his memory of Island history, and my mother and I found ourselves audience to accounts of the politician Luis Muñoz Marín, of the nationalist Pedro Albizu Campos, and of significant historic events— with a sprinkling of legends.

"How do you know all these things?," I finally asked.

"My father told me," he responded.

Turning his attention to the photos again, my father continued his soliloquy, but discovered himself struggling to remember some Spanish words and phrases.

"I am sorry," he apologized, "the words . . . the years . . . they kind of blur in my mind."

Yet, he talked further, this time of the natural resources and beauty of Puerto Rico—the temperature, the climate, the mountains, the beaches, and its strategic location.

"The country has so much," he commented, and I agreed.

I shared with him, at that point, my discomforting observation that more and more American corporations were buying Puerto Rican land. This led us to talk about the military bases situated there and on a nearby island.

"They did that to us before," my father lamented. It was the first time I had heard him identify with Puerto Rico as "us" and refer to the United States as "they."

He moved on to speak about some of the choices he had made in his life. He mentioned things he no longer questioned. There were some choices he also regretted, like not teaching me Spanish, for example. His parents, he added, would have been very pleased had he done so.

Then my father's voice deepened and his words came slowly and thoughtfully, "You know, *hijo*, I am realizing that without either of us knowing it, you have been bringing me little by little from the shadow of denial into the light of my heritage."

The old man shifted his cane from one hand to the other, looked into my eyes, and said with a slow smile, "I can now see the truth in what my father always said regarding that plantain stain; it just never disappears. You are my *mancha de plátano*, that inescapable connection to my roots."

/

La mancha de plátano nunca se borra

Mi padre se pasó el bastón de una mano a otra y me dijo: "¿Dime, mi hijo, qué viste?". Así que yo comencé a contarle acerca de mi reciente viaje a Puerto Rico, la tierra que lo vio nacer. Le conté del bello bosque lluvioso de El Yunque con sus juguetonas cascadas que se deslizan por las caídas abruptas de apiñadas rocas; de las plantas de miramelindas florecidas en combinaciones armonizadas de blanco, rosa y rojo que acentúan el rico verdor; del cántico de las aves y del correteo de los animalitos; y de los repentinos aguaceros de la tarde. Le pinté cuadros verbales del majestuoso y enorme fuerte de El Morro; sus garitas de cara a la inmensa extensión del mar abierto; sus fríos espacios subterráneos de cautiverio, ahora animados por las pisadas y el parloteo de los turistas; sus cañones de la segunda planta que apuntan hacia barcos imaginarios en el horizonte; y sus montones de balas de cañón fundidas en idóneos marcos para fotos familiares. Le conté de las estrechas calles de ladrillos azuliblancos del Viejo San Juan, enmarcadas por impresionantes edificios coloniales y tiendas repletas de turistas.

Entonces, me dirigí al Sur, llevando a mi padre por las curvas y las pendientes montañosas del centro de la Isla. Viajamos por una centenaria carretera flanqueada de árboles de flamboyán con flores de un anaranjado brillante, los cuales fueron plantados por los españoles. Nos refrescamos en un quiosquito que vendía pinchos acabaditos de salir de la parrilla, servidos en un pedazo de crujiente pan de agua. Entonces, nos dirigimos hacia el Suroeste. En un pueblo situado cerca de la costa caribeña, paramos en Porta Coeli, una de las iglesias más antiguas del Nuevo Mundo. Pasé tiempo describiendo, en detalle, este antiguo edificio, porque fue ahí donde, en 1914, mis abuelos habían cargado a su hijito, mi padre, atravesando las enormes puertas de madera, para ser bautizado. Tres años después, su familia se había mudado a los Estados Unidos, y se unían, así, con otros isleños, a una de las primeras emigraciones masivas a ese país, después de la invasión de la nación norteña de

1898.

En esa parte de mi relato, paré y nos sentamos, en silencio: mi padre, en su imaginación y yo, en mi memoria. Finalmente, él suspiró y dijo:

—Mi hijo, llegaste allí antes que yo.

Sólo, recientemente, habíamos comenzado a hablar de esto, nuestra herencia. No fue hasta ahora que yo había empezado a definir el papel que Puerto Rico había jugado en mi vida. Él también acababa de comenzar a aceptar la trascendencia de este pedacito de tierra en su vida.

Mi padre, verdaderamente, no conocía la Isla, pero había vivido a su sombra durante sus 84 años de vida. Él y sus padres se habían establecido en un área predominantemente latina en la ciudad de Nueva York. Mi abuelo lavaba platos en un restaurante, y mi abuela trabajaba en una fábrica de ropa.

Mi papá siempre decía que yo poseía un espeluznante parecido con mi abuelo. De hecho, la única conexión que tengo con ese hombre, además de memorias, es una cadena con una cruz de oro que heredé de él. Siempre ha sido un objeto de gran valor para mí y, de hecho, la llevé puesta durante todo el viaje.

Aunque el español era la lengua vernácula de mi padre, él nunca la habló en nuestra casa. Nos dijo que el español era un lenguaje florido y lo descartó por arcaico y de poco valor. Parece que él, realmente, nunca tomó una decisión consciente de no enseñarnos español. Mucho antes de haber nacido nosotros, había decidido que América, la tierra de los inmigrantes y el crisol de las razas, le permitiría descartar su puertorriqueñidad.

En realidad, su lugar de origen no sería olvidado. Éste regresó a mi padre a través de mí, el nieto que se parecía a su abuelo, y cuya voz tenía unas inmensas ganas de hablar español. Yo siempre había sentido una conexión espiritual con esa tierra. Era, tal vez, porque parecía estereotípicamente hispano, latino, puertorriqueño. Sospeché, sin embargo, que era algo más profundo, algo inexplicable por el pensamiento racional.

Yo había escuchado, a través de los años, muchas declaraciones y preguntas acerca de mi herencia cultural, y estas permanecían golpeándome en la mente: Tu padre habla español, ¿verdad? Te criaste comiendo arroz y habichuelas, ¿verdad? Tú comes pasteles durante Navidad, ¿verdad? Tú sabes bailar salsa y merengue, ¿verdad? Pero, de hecho, yo ni había aprendido ni había tenido interés en estas cosas hasta mi adultez.

Había algo de mi herencia que yo había oído insistentemente, a lo largo de los años: que mi bisabuelo era, supuestamente, más español que puertorriqueño. Esta creencia siempre fue expresada con un alto grado de orgullo, como si este linaje "puro" fuera de alguna manera mejor que los otros. Pero mientras la apreciación por mis raíces iba creciendo a medida que pasaban los años, me di cuenta de cuán limitado era este punto de vista. Comencé a reconocer que yo, en verdad, no tenía que, obligatoriamente, haber nacido en la Isla del Encanto para ser puertorriqueño. Se me hizo claro que la identidad boricua, todavía una realidad sociológica siglos después de Juan Ponce de León, no es completamente de los indios taínos ni de los conquistadores españoles, ni de los esclavos africanos. Mejor dicho, esta herencia isleña es una expresión sinérgica, donde lo criollo es, indiscutiblemente, la esencia étnica y cultural de todos sus hijos, sin importar dónde residamos.

"Toma un montón de fotografías", había sido el único pedido que mi padre me había hecho antes de partir para el viaje.

—Quiero ver cómo se ve ahora, —dijo papá.

Ahora estábamos a la mesa, en la cocina, con docenas de fotos.

—Mira esa arquitectura, hijo —comentó él, sujetando una foto de la Capilla del Cristo en el Viejo San Juan—. Tú no puedes hallar nada así aquí.

Le pasó la foto a mi mamá. Las fotos parecían desencadenar su memoria de la historia isleña, y mi mamá y yo éramos, súbitamente, la audiencia de historias del político Luis Muñoz Marín, del nacionalista Pedro Albizu Campos y de acontecimientos históricos importantes, todos con un salpiqueo de leyendas.

—¿Cómo sabes todas estas cosas? —finalmente le pregunté.

—Mi padre me las contó —me respondió.

Dirigiendo otra vez su atención a las fotos, papá continuó su soliloquio, pero se encontró luchando por recordar algunas palabras y frases en español.

—Lo siento —se lamentó—, las palabras… los años… todo está un poco borroso en mi mente.

Sin embargo, él continuó hablando, esta vez, de los recursos naturales y de la belleza de Puerto Rico: la temperatura, el clima, las montañas, las playas y su estratégica localización.

—El país tiene tanto… —comentó él, y yo estuve de acuerdo.

En este momento de la conversación, compartí con él mi incómoda observación de que más y más corporaciones norteamericanas estaban comprando tierra boricua. Esto nos llevó a hablar de las bases militares situadas allí y en una isla adyacente.

—Ellos nos hicieron esto anteriormente —mi padre se lamentó.

Era la primera vez que lo oía identificarse con Puerto Rico como "nosotros" y referirse a los Estados Unidos como "ellos".

Se puso, entonces, a hablar de algunas de las decisiones que había tomado en la vida. Mencionó cosas que ya no cuestionaba. Había algunas decisiones que él lamentaba, como el no haberme enseñado español, por ejemplo. Sus padres, añadió, hubieran estado muy complacidos si él lo hubiera hecho así.

La voz de mi padre, entonces, se hizo profunda y sus palabras salieron lentas y pensativas.

—Sabes, hijo, me estoy dando cuenta de que, sin ninguno de nosotros saberlo, tú me has estado trayendo, poco a poco, de la sombra de la negación a la luz de mi herencia cultural.

El anciano se pasó el bastón de una mano a otra, me miró a los ojos, y dijo desplegando una lenta sonrisa:

—Ahora puedo ver la verdad de lo que siempre decía mi padre sobre esa mancha de plátano; simplemente nunca se borra. Tú eres mi mancha de plátano, esa inescapable conexión con mis raíces.

The Search: Experiencing a Different Reality

La búsqueda: experimentar una realidad diferente

An Encounter with the Devil

Papi, Tío Lolo, and my cousin Cástulo always talked about it. They did it whether we were sitting in the carport shelling beans, peeling succulent mangos with our teeth as juice streamed down our hands, or chatting across the rows of coffee bushes as we picked the deep red beans. The versions were slightly different each time I heard the legend, but the effect on my young imagination was the same: a penetrating fear that settled in my stomach. Those nights I would not sleep well.

On my trips to school I had to cross that bridge, and every time I did, the legend echoed in my memory. It had been constructed by Spaniards centuries ago as part of the main road uniting the northern part of the Island with the south. Through the years, the brick structure had felt the weight of many people passing over by foot, on horseback, in carts and bicycles, and now, more recently, in automobiles, trucks, buses, and motorcycles. It was well known throughout the Island as *El Puente de la Llorosa,* the Crying Devil's Bridge; its legend stayed very much alive in all of our minds.

The story was a haunting one. It was said that the *jíbaro* Moncho Luna went every Friday into town to take his produce to market and he would always spend his profit on celebratory refreshment in the local *cantina.* Then without fail, he would return home dead drunk after dark. This bad habit bothered his wife, Juana Santos, immensely, and for that reason she prayed day and night for her husband. As time passed with little change in Moncho, the prayers of the anguished woman became more specific. In them, she begged God that her husband would experience such an unforgettable event in his trips to the market that he would once and for all halt the alcoholic binges and misuse of the sparse family income.

"I am even willing to take the Devil's help. I don't care. I just want my husband to overcome this addiction!" implored the desperate woman in her prayer.

Another Friday came and the peasant energetically packed a hefty load of bananas onto his poor animal. After his profitable day he stopped as usual in the *Cantina La Luz* for his customary drinks. About midnight he left the *cantina*, sidetracking along the way at the town *panadería* to buy a crunchy loaf of *pan de agua*. Then, leaving the bakery, he unsteadily mounted his horse for the trip home. Slowly, they left behind the twinkling lights of the sleeping town and started down the very lonely narrow road, the intensity of its darkness swallowing them *como boca de lobo*, or like the mouth of a wolf, as the community called it. The bridge was located just ahead on a curve and as the pair neared the centuries-old structure, the hooves of the horse echoed in the still night under a bright full moon. The horse knew its way so well it could walk home with its eyes closed and the rider let the animal go at its own pace. At any rate, he was too drunk from the *mucho y sabroso ron* he had imbibed to fight even minimal resistance from any beast.

At first, Moncho did not hear the cries floating on the night breeze, but as they continued, his consciousness began gradually awakening. It seemed to him that the whimpering sounds were coming from under the bridge. With great difficulty he dismounted his horse and began the challenging descent through the brush-tangled bank to check out what sounded to him like the cries of a baby. Sure enough, he found an infant under the bridge, wrapped in a blanket, screaming furiously. He picked up the flailing body, struggled up the bank and onto his horse's back again. But, despite Moncho's comforting arms, the cries continued relentlessly. Uncertain of the best action to take, the kind man decided to share a bit of bread with the infant in an attempt to quiet the cries. He was just putting the bread into his own mouth to soften the piece, when to his amazement the little one spoke.

"Moncho," its eerie voice instructed, "you do not have to soften the bread for me. Look. I have teeth."

At that instant, the moon appeared from behind a cloud and the startled man saw not only the baby's face, but also two huge fangs protruding from the child's gums. With a cry of terror, the frightened peasant tossed the bundle high into the air, the alcohol in his blood instantly evaporating into the night breeze. He spurred his horse into action and sped into the night.

That was the last time in his life that Moncho consumed a drop of alcohol, and he also swore never to ride his horse so late at night. People immediately saw the change in the man, and details of his experience became well known first in the town, later in the region, and then throughout the whole country. According to many folks, the penetrating cries of an infant are still heard at this bridge at midnight during the full moon. Thus, very few cross the bridge on foot during the days of full moon without first making the sign of the cross, and only the bravest walk over the bridge at night.

Now, at the age of twenty-two, I was no longer a little boy intimidated by the stories of my *papi,* my *tío,* and my older cousin. Now, I was a teacher, a grown man, with a penchant of a sort toward risk and adventure. My good friend Zoilo Bravo, who had recently come from the mean streets of Manhattan, was not only captivated by the story, but also obsessed with the idea of accompanying me to challenge the legend. Our plan was simple: go to the bridge at midnight when the moon was full and invite an appearance. We would shout, "Come out! Come out now!" And we would wait.

So we went. Zoilo and I arrived several minutes before midnight. We stayed very close to our car. We waited—tense, silent, intensely alert. There were only the two of us, the night, and the bright full moon. Then, the moment arrived: midnight. Immediately, we activated our plan. Our shouts reverberated through the *boca de lobo* darkness.

"¡*Sal, carajo*! Come out! Cry now!"

Then, in an instant, we were running back to our car, our terrified footfalls resounding in the still night under the full moon. Doors slammed. My blue '69 Mustang sped into the night. It disappeared faster, much faster, than Moncho's horse.

In all reality, that vehicle took from the scene two young men who, in their deepest being, feared to recreate the notorious legend. And, I must mention, unlike the experience of our mythical protagonist, no one knew the next day, or for years to come, about our aborted rendezvous that night at *El Puente de la Llorosa*. No one, I confess, no one, until now.

Un encuentro con el diablo

Papi, tío Lolo y mi primo Cástulo siempre hablaban de eso. No importaba si estábamos sentados en la marquesina, desgranando frijoles, pelando suculentos mangos con los dientes, mientras el jugo nos corría por las manos, o charlando entre las filas de arbustos de café cuando recogíamos los rojos granos; siempre hablaban de eso. Las versiones variaban cada vez que yo oía la leyenda, pero con los mismos efectos en mi tierna imaginación: me dejaba con un agudo miedo que me penetraba hasta los huesos. Esas noches yo no dormía bien.

En mis rutinarios viajes a la escuela, tenía que cruzar ese puente, y era siempre una ocasión en que la leyenda me resonaba profundamente en la memoria. Hacía siglos que el puente había sido construido por los españoles como parte de la carretera central que unía el norte con el sur de la isla. A lo largo de los años, esa estructura de ladrillo había sentido el peso de mucha gente a pie, a caballo, en carreta, en bicicleta y, más recientemente, en automóviles, camiones, guaguas y motos. Era bien conocido por toda la isla como "El Puente de la Llorosa"; su leyenda se mantenía muy presente en nuestras mentes.

Era una historia hechizante. Decían que el jíbaro Moncho Luna iba todos los viernes al pueblo con la idea de vender sus productos en el mercado y siempre gastaba sus ganancias en una bebiata festiva en la cantina local. Entonces, sin falta, llegaba a casa de madrugada, muerto de borracho. Este mal hábito le molestaba inmensamente a su esposa Juana Santos, quien, por tal razón, rezaba día y noche por su marido. Como había pasado mucho tiempo sin que Moncho cambiara, las oraciones de la angustiada mujer llegaron a ser más específicas. En ellas le rogaba a Dios que su marido experimentara un evento tan inolvidable en sus viajes al mercado que le hiciera dejar, de una vez y por todas, de emborracharse y de malgastar los poquitos ingresos de la familia.

—Estoy dispuesta a aceptar la ayuda del diablo. No me importa. Sólo quiero que mi marido abandone sus malos hábitos

—imploró la desesperada mujer en sus rezos.

Llegó otro viernes, y el hombre amontonó, con esmero, una voluminosa carga de racimos de guineo sobre su pobrecita bestia. Después de un día de buenas ganancias, se detuvo, como siempre, en la Cantina La Luz para tomarse las acostumbradas copitas. A eso de la medianoche, salió de la cantina y se desvió del camino para comprar un bollo de pan de agua tostadito en la panadería del pueblo. Entonces, salió del establecimiento y, tambaleándose, montó su caballo para irse a casa. Poco a poco, dejó atrás las relampagueantes luces de un pueblito que ya dormía, y comenzó el estrecho y muy solitario camino, cuya intensa oscuridad se los tragaba como "boca de lobo", según se conocía este sendero entre los vecinos. El puente estaba situado en una curva cercana, y mientras la pareja se acercaba a la estructura centenaria, los cascos del caballo hacían eco en la tranquila noche bajo la luz de una luna llena. El animal conocía el camino a la perfección, y el jinete le dejaba seguir el ritmo de su propio paso. De todas maneras, él estaba demasiado borracho con el mucho y sabroso ron que había ingerido como para poder batallar la mínima resistencia de ningún caballo.

Al principio, Moncho no oía los gemidos que se mezclaban con las brisas nocturnas, pero como estos seguían, su conciencia se fue despertando. A medida que sus sentidos se iban agudizando y los llantos continuaban más insistentes, le pareció que los sonidos venían de debajo del puente. Con gran dificultad, se desmontó del caballo y comenzó su desafío de atravesar la maleza de la orilla para averiguar qué era lo que parecía ser el llanto de una criatura. Y, efectivamente, encontró debajo del puente a un recién nacido envuelto en pañales, que lloraba furiosamente. Recogió al agitado infante, subió la orilla con dificultad y se montó en el caballo para seguir su camino. Pero a pesar de sus consoladores brazos, el niño siguió llorando incesantemente. Sin saber exactamente lo que debía hacer, el bondadoso hombre decidió darle un pedacito de pan para así calmar al pequeñito. Estaba por meterse el pan en la boca para ablandarlo un poco, cuando la criatura lo sorprendió con su horripilante voz:

—Moncho, no tienes que ablandarme el pan. ¡Mira! Yo tengo dientes.

En ese momento salió la luna, que hasta ese instante se

había escondido detrás de una nube, y el hombre, asustadísimo, vio no sólo la cara del niño, sino también unos colmillos muy largos que le brotaban de las encías. Con un grito de espanto, el pobre campesino lanzó el bulto al aire e instantáneamente el alcohol de su borrachera se evaporó en las brisas de la noche. Picó con ahínco el caballo y ambos se perdieron velozmente en la oscuridad.

Esta fue la última vez en toda su vida que Moncho consumió una gota de licor y también juró nunca jamás montar a caballo durante las altas horas de la noche. La gente notó inmediatamente un gran cambio en su vida, y los detalles de su experiencia fueron bien conocidos, primero en el pueblo, después por la región y luego por todo el país. Según cuenta la gente, los penetrantes llantos de un infante todavía se oyen en el puente a la medianoche bajo la luz de la luna llena. Así que muy pocos cruzan el puente a pie durante los días de luna llena, no sin antes santiguarse, y sólo los más valientes se atreven a pasar el puente de noche.

A los veintidós años yo ya no era el muchachito aquél que se asustaba fácilmente con las historias que contaban mi papi, mi tío y mi primo mayor. Ya era maestro, un hombre hecho y derecho, y gran amigo de las aventuras y los riesgos. Mi buen amigo Zoilo Bravo, que recientemente había llegado de las sórdidas calles de Manhattan, no sólo estaba cautivado por la leyenda, sino que estaba obsesionado con la idea de acompañarme al puente para desafiarla. Nuestro plan era sencillo: ir al puente una medianoche de luna llena y llamar la aparición. Gritaríamos: "¡Sal! ¡Sal ahora mismo!", y esperaríamos.

Así que fuimos. Zoilo y yo llegamos unos minutos antes de la medianoche y nos quedamos muy cerca del carro. Esperamos tensos, callados, muy alertas. Éramos solamente nosotros dos, la noche y la radiante luna llena. Llegó el momento, la medianoche e, inmediatamente, activamos el plan. Nuestros gritos resonaron en la oscuridad de boca de lobo.

—¡Sal carajo! ¡Sal ahora mismo! ¡Llora ahora!

Aquí cambió nuestro plan en un abrir y cerrar de ojos. ¡No esperamos! De repente, nuestras rápidas pisadas hicieron eco en el silencio de la tranquila noche bajo la luna llena. Se oyeron estrepitosos portazos. Mi Mustang azul del 69 se perdió velozmente en la noche, y desapareció mucho más rápido que el caballo de

Moncho.

Realmente, ese vehículo alejaba de la escena a dos jóvenes que, en lo más profundo de su corazón, temían recrear la notoria leyenda. Y debo mencionar que, a diferencia del episodio del protagonista mitológico, nadie supo nada, al día siguiente o durante muchísimos años, de nuestro infructuoso encuentro aquella noche en el Puente de la Llorosa. Nadie, confieso yo, nadie, hasta ahora.

Slamming Latin

The spheroid, perhaps sewn with drops of sweat in some far-away tropical land, leaves the pitcher's muscular arm with meteoric speed. Very few on Planet Earth seem to have the ability to hit that small spinning object which in a split second will reach home plate. The bison-necked player, his brown eyes focused on the approaching ball, tenses, ready to slam it with the same emotional intensity that he had experienced that day when he encountered a thief stealing the only dollar he had made selling oranges.

He wants to slam it hard because he grew up selling oranges for ten cents, washing cars for fifty cents, and shining shoes for twenty-five cents on street corners to help his widowed mother make ends meet. He wants to connect and send it over the fence (Holy Cow!), because home, for him, his mother, four brothers, and two sisters was a two-room unit in an abandoned public hospital. In those days, each night when he laid his tired body down on that wafer-thin mattress on the floor, the dreams dancing through his head did not include the possibility of playing the North American game in a tailored uniform on manicured fields. He only dreamed of his next meal.

The scout invited two kids to a baseball field for a tryout. He was the one in a borrowed uniform and spikes with holes. He was sixteen years old, yet carried only 150 pounds on his 5'10" frame. The scout made a mental note that the boy looked malnourished, but liked the way the ball jumped off the young fellow's bat. He especially liked the way in which the youth did everything on the field, *con entusiasmo y pasión*.

Eventually, the man with the hat, a white long-sleeved *guayabera*, and a cigar of bat-size length, worked his way to the prospect's humble dwelling and made a signing offer of $2,500. The young man agreed. He gave most of it to his mother, but allowed himself one modest extravagance: he bought his first bicycle.

The following year he found himself flying over the Atlantic en route to a place with a name too difficult to pronounce. At the airport, he hugged his mother good-bye. She cried. Three short years after that—five years after he had taken his brother's advice to play *béisbol*—he was in the big leagues, *en las grandes ligas*, as they say in his small coastal town. An incredible six years later, his popular team provided him with a multi-million dollar contract that astonished everyone.

This time, upon signing the contract, the *pelotero* did not buy a bicycle. Rather, he bought a 60-foot yacht and several cars, among them a Rolls Royce, a Ferrari, a Viper, two Mercedes, a Hummer, a Navigator, and an Expedition. He also shared generous amounts with hospitals, schools, and other institutions in his needy community.

Now, strong, well-trained muscles and quick wrist movement blend together to guide the bat as it meets the spinning spheroid approaching at incredible velocity. "Crack!" In synchronized amazement, tens of thousands of fans rise from their hard green stadium seats to watch the ball disappear over the ivy-covered fence, where it continues its flight over the street behind the left field and shatters the second-story window of a brick apartment building.

The baseball player stands watching the flight, gives a small hop and begins his run around the bases. The crowd's thunderous applause echoes through the stadium. A record has just been broken—a legendary accomplishment by one of baseball's most beloved players, unmatched for over forty years.

After acknowledging the crowd, the Antillean icon enters the dugout and as is his custom, stands before the TV camera. In ritual, he closes his hand and gently taps his chest close to his heart, then opens his fingers into a "v" over his lips and sends a kiss.

Thousands of miles away in her three-million dollar home, a woman sits in front of the TV with proud tears in her eyes, awaiting the expected kiss from her son. In the doorway, meanwhile, the maid's two little children watch the action in total admiration, hopeful that someday they too will be as talented and rich as their idolized compatriot.

Macetero latino

La esferoide, tal vez cosida con gotas de sudor en alguna lejana tierra tropical, abandona el muscular brazo del lanzador con velocidad meteórica. Muy pocos, en el planeta Tierra, parecen tener la habilidad de pegarle a ese pequeño objeto girante que, en fragmentos de segundos, va a llegar al plato. El jugador, con cuello de bisonte, mantiene sus oscuros ojos enfocados en la pelota que se acerca. Ya alerta, se tensa, listo para pegarle con la misma intensidad emocional que un día experimentó cuando se enfrentó al ladrón que deseaba robarle el único dólar que se había ganado vendiendo naranjas.

Él quiere pegarle fuerte porque se crió vendiendo naranjas por diez centavos, lavando carros por cincuenta centavos y lustrando zapatos por veinticinco centavos en las esquinas de las calles para ayudar a su madre viuda a sobrevivir. Quiere conectar y enviar la pelota sobre la verja ("*Holy Cow!*"), porque el "hogar", para él, su madre, sus cuatro hermanos y dos hermanas era una unidad de dos cuartos en un hospital público abandonado. En esos días, todas las noches cuando acostaba su cansado cuerpo en un finitito colchón en el piso, los sueños que le bailaban por la cabeza no incluían la posibilidad de jugar el gran pasatiempo norteamericano en un uniforme hecho a la medida y en campos nítidos. Él sólo soñaba con su próxima comida.

El cazatalentos invitó a dos muchachos a un campo de béisbol para evaluar sus habilidades. Él era el del uniforme prestado y los ganchos de béisbol con agujeros. Tenía dieciséis años; sin embargo, solamente cargaba 150 libras en su cuerpo de cinco pies con diez pulgadas. El cazatalentos anotó, mentalmente, que el muchacho se veía desnutrido, pero le gustaba cómo la pelota salía disparada de su bate. A él le gustaba, especialmente, la forma en que el joven hacía todo en el campo de juego, "con entusiasmo y pasión".

A la postre, el hombre del sombrero, *guayabera* blanca de manga larga y cigarro tan largo como un bate llegó al humilde hogar del candidato e hizo una oferta para firmar, por dos mil quinientos dólares. El mozo la aceptó. Le dio la mayoría del dinero a su madre, pero se permitió para sí, una modesta extravagancia: se compró su primera bicicleta.

Al siguiente año, se encontró sobre el Atlántico en un avión dirigido a un lugar, cuyo nombre le era demasiado difícil de pronunciar. En el aeropuerto, le dio un abrazo de despedida a su madre. Ella lloró. Tres cortos años después —cinco años después de haber tomado el consejo de su hermano de jugar béisbol—, estaba en las Ligas Mayores, en las Grandes Ligas, como decían en su pueblito costero. Increíblemente, seis años después, su popular equipo le otorgó un contrato multimillonario que asombró a todo el mundo.

Esta vez, al firmar su contrato, el pelotero no compró una bicicleta. Mejor dicho, compró un yate de 60 pies y varios carros, entre ellos un Rolls Royce, un Ferrari, un Viper, dos Mercedes, un Hummer, un Navigator y un Expedition. También compartió generosas cantidades con hospitales, escuelas y otras instituciones necesitadas de su comunidad.

Ahora, unos fuertes músculos bien entrenados y un ligero movimiento de muñecas se entremezclan para guiar el bate en su encuentro con la esferoide giratoria que se acerca a una velocidad increíble. ¡Fuácata! En un asombro sincronizado, decenas de miles de fanáticos saltan de sus duros asientos verdes para ver desaparecer la pelota sobre la tapia cubierta de hiedra, desde donde continúa su vuelo sobre la calle detrás del jardín izquierdo y hace añicos la ventana en el segundo piso de un edificio de apartamentos.

El pelotero se queda parado observando el gran bombo, da un saltito y comienza su recorrido por las bases. El estruendoso aplauso de la multitud hace eco por todo el estadio. Se acaba de romper un récord, un logro legendario de uno de los jugadores más adorados del béisbol, una marca que había sido inalcanzable durante más de cuarenta años.

Después de saludar a la fanaticada, el ícono antillano entra al *dugout* y, como es su costumbre, se para ante la cámara de televisión. Como rito, cierra la mano y se golpea suavemente el pecho cerca del corazón, entonces abre sus dedos en forma de "v", los coloca sobre los labios y envía un beso.

A miles de millas de distancia, en su casa que costó tres millones de dólares, una mujer está sentada frente al televisor, derramando lágrimas de orgullo, mientras aguarda el esperado beso de su hijo. En la puerta, mientras tanto, los dos hijitos de la criada observan la acción con absoluta admiración, esperanzados en que, algún día, ellos también puedan ser tan talentosos y tan ricos como su idolatrado compatriota.

My Grandfather is Hispanic

The academic year had just begun. The new leadership group for the Hispanic student organization was at the front of the room ready to address the twenty or so members for the first time. These four young adults had been planning this activity for weeks and their energy and excitement were palpable. Though their last names of Hahn, Lehman, King, and Hunsberger resounded with genealogies from other places and cultures, each one had some roots in Hispanic soil.

Hahn was the product of an Argentine father and a mother from Indiana who had been raised in Puerto Rico. Lehman was a Honduran adopted and raised by a family from Pennsylvania. King had a mother from the Dominican Republic and a father from Oregon. Hunsberger, meanwhile, had dropped her Pérez last name to use that of her North American husband.

The meeting began on time and was conducted in English. As their faculty advisor, I appreciated the leadership group's desire to engage other Hispanics on campus in order to promote culture and to advocate for Hispanic issues. In addition, I observed their skill in English as an obvious strength. These capable adults would be able to communicate effectively with the top administration, and could write in the college newspaper without looking for somebody to edit their work. What an accomplishment for the organization! What an evolution! Yes, we had made significant strides over the past twenty years.

While the language that at one time was strange to my ears picked up its own rhythm in the discussion, I found myself looking out of the classroom window, mesmerized by the movements of the maple leaves in the early autumn breeze. Into my mind came the memory of Rivera, Cruz, Hernández and Feliciano planning our first meeting. Rivera and Cruz were Puerto Ricans coming directly from the Island to study at the university. Hernández was Chicano, born in Texas and raised in Chicago. Feliciano saw the streets of Miami and the Cuban community as his roots. In those days the four began the meeting somewhat late, the agenda was not so detailed, and Spanish was the prevalent language with translations, here and there, for club participants who did not understand. What a change in twenty years!

Then, as late afternoon light danced on the frolicking leaves, my attention was captured by my reflection on the window pane, showing a man slightly balding, his neatly trimmed beard and black mustache streaked with white. He appeared to be the same man who, as a young professor, took offense when a student with a Hispanic last name, having visited the organization's events only once, flatly denied her cultural roots by commenting that her grandfather was Hispanic, not she. The passing of years seems to have given me greater insight. Could it have been that this young woman merely felt uncomfortable with the language of choice that evening? Could it have been that at a personal level she felt herself to be in cultural limbo? Whatever the situation, I now believed that through the process of time, and in an effortless manner, cultural elements evolve and language adapts. No matter what changes have transpired, the individuals of each generation live within and identify with that way of life as they perceive it. They, then, express appropriately that cultural heritage according to their time and place.

I turned my attention back to the action in the classroom. Ideas were flowing freely, primed by cluster conversations. Spanish and English mingled in congeniality and group solidarity with repeated outbursts of hearty laughter. I quickly found myself joining in the celebratory dialogue and a smile of delight spread over my face. Without thinking, I impulsively glanced at the reflection in the window. It was smiling back at me.

Mi abuelo es hispano

El año académico acababa de comenzar. Los nuevos dirigentes de la organización estudiantil hispana estaban al frente del salón, listos para dirigirse, por primera vez, a unos veinte miembros. Estos cuatro jóvenes adultos habían estado planeando esta actividad durante semanas, y su energía y su emoción eran palpables. Aunque sus apellidos Hahn, Lehman, King y Hunsberger resonaban como genealogías de otros lugares y otras culturas, cada uno tenía algunas raíces en suelo hispano.

Hahn, quien se había criado en Puerto Rico, era el producto de un padre argentino y una madre de Indiana. Lehman era un hondureño adoptado y criado por una familia de Pennsylvania. King venía de madre de República Dominicana y padre de Oregón. Hunsberger, mientras tanto, había dejado de usar su apellido Pérez para adoptar el de su esposo norteamericano.

La reunión comenzó puntualmente y se llevó a cabo en inglés. Yo, como su consejero, apreciaba el deseo de los dirigentes de atraer e incluir a otros hispanos del campus para promover la cultura y abogar por los asuntos hispánicos. Además, observé que su destreza en el inglés era una obvia fortaleza. Estos capaces adultos podían comunicarse efectivamente con la administración superior y podían escribir en el periódico universitario sin que alguien corrigiera sus trabajos. ¡Qué logro para la organización! ¡Qué cambio! Sí, habíamos logrado pasos significativos en los últimos veinte años.

Mientras el idioma que una vez me sonara extraño tomaba su ritmo en la discusión, me hallé mirando hacia fuera por la ventana del salón de clase, hipnotizado por el movimiento de las hojas de arce en la brisa de principios de otoño. A mi mente, vino el recuerdo de Rivera, Cruz, Hernández y Feliciano planeando nuestra primera reunión. Rivera y Cruz eran puertorriqueños que habían llegado directamente de la Isla a estudiar en la universidad. Hernández era chicano, nacido en Texas y criado en Chicago. Feliciano tenía raíces en las calles de Miami y la comunidad cubana. En esos días, los cuatro comenzaron la reunión un poco tarde, la agenda no era tan detallada, y el español era la lengua dominante, con algunas traducciones para los participantes del club que no entendían. ¡Qué cambio en veinte años!

Entonces, mientras los últimos rayos de luz de la tarde bailaban en las juguetonas hojas, mi atención se dirigió a mi reflejo en el cristal de la ventana, el reflejo de un hombre ya un poco calvo, con su bien arreglada barba y negro bigote salpicados de blanco. Parecía ser el mismo hombre que, como joven profesor, se ofendió cuando una estudiante de apellido hispánico, que estaba por primera vez y nunca regresó a las actividades, le afirmó rotundamente que su abuelo era el que era hispano, no ella. El pasar de los años parece haberme traído un mayor entendimiento. ¿Podría ser que ella simplemente se sintió incómoda esa noche con el vehículo idiomático de preferencia? ¿Podría ser que en esa época ella se sentía en un limbo cultural? Cualquiera que sea la situación, ahora estimo que a través del tiempo, en una forma natural, los elementos culturales evolucionan y el lenguaje se adapta. No importan los cambios que hayan transcurrido; los miembros de cada generación los viven y se identifican con el modo de vida vigente, según su percepción. Ellos, entonces, expresan apropiadamente esa herencia cultural de acuerdo a su época y lugar.

Volví mi atención a la acción en el salón de clase. Las ideas estaban fluyendo libremente, vigorizadas por grupos conversacionales. El español y el inglés se entremezclaban en congenialidad y solidaridad grupales con repetidas explosiones de una risa cordial. Pronto me encontré unido al grupo en el festivo diálogo, y una sonrisa de placer se me regó por la cara. Sin pensar, impulsivamente, le eché una ojeada al reflejo de la ventana. Me estaba sonriendo.

A Letter to Mami

December 3

Adorada Mami,

Espero que al recibir esta te encuentres bien de salud. Have you received the pictures I sent? What do you think of our beautiful brick home? I especially wanted you to see the spacious sunroom we just added. The warm light floods in through the windows and makes an ideal environment for the many potted plants we have purchased. Even tropical plants seem to thrive there. We have two hibiscus bushes, a *malanga* plant (here they call it an "elephant ear"), a leftover poinsettia from last Christmas, and a *gallego* plant like the ones you have growing along your driveway. Latin American hangings decorate our walls. And, of course, we wanted rocking chairs from back home and other places we have traveled. So we have chairs from Puerto Rico, the Dominican Republic, and Costa Rica. How I wish you were here to enjoy this enchanted room with me!

I want you to know that this past week my department head passed on some great news: I have been promoted to full professor. Patria and I celebrated the news with a meal at *Red Lobster*, a restaurant that sells seafood—not as fresh and tasty as that offered in the coastal village of Salinas, you know, but at least it is seafood. Just the two of us went. The children had plans with their families.

Recently I have been in contact with my siblings. Dolores called last week. It seems that things are going well with her family. This weekend I went over to visit Enrique ("Henry" is how he prefers to be called here). We worked together on a project in his house for awhile. It is really nice to have at least some of my siblings here. True, they followed me to this community, but that's OK. They seem to be doing well.

A request: could you please send me that CD of Christmas *aguinaldos* that just came out? I heard about it in a special Spanish-language program on TV the other day, one of the very few specials that come in languages other than English. Ask my good friend Paco to pick it up for you, since it sounds like you are not getting out as much anymore. He sent me a package, a couple of weeks ago, with several newspapers from there and some delicious *dulce de naranja* he knows I love.

Mami, next summer I will try to go visit you again, and work on some of those desperately needed repairs around the house. *Bendición.*

Con mucho amor, besos y abrazos,

Francisco

Upon finishing the letter, Francisco sealed it and placed it on top of his oak roll-top desk. His eyes roved around his neatly arranged den, pausing at the long row of books, silent witnesses of a very active and productive professional life. His attention moved on to the Caller ID that had not recorded a call for the past several days, and then rested on a black and white photograph elegantly framed on the wall. Displayed in this 1963 picture was a family whose members were currently separated, physically and emotionally, because of personal decisions or historic circumstances. A few tears rolled down his cheeks, yet none touched the letter that lay on the desk ready to be sent.

Una carta para mami

3 de diciembre

Adorada mami:

Espero que al recibir ésta te encuentres bien de salud. ¿Ya recibiste las fotos que te mandé? ¿Qué piensas de nuestra bella casa de ladrillo? Yo, especialmente, quería que vieras el espacioso jardín de invierno que acabamos de agregarle a la casa. La tibia luz penetra por las ventanas y crea un ambiente idóneo para las muchas plantas que tenemos en tiestos. Aun las plantas tropicales parecen prosperar inmensamente. Tenemos dos arbustos de hibisco, una planta de malanga (aquí la llaman *elephant-ear*), una pascua que sobró de la última Navidad, y una planta de gallego como las que tú tienes a la entrada de la casa. Tenemos un montón de artesanías latino-americanas que decoran las paredes. Y, claro, queríamos mecedoras de la patria y de otros lugares a los que hemos viajado. Así que tenemos unas de Puerto Rico, República Dominicana y Costa Rica. ¡Cuánto me gustaría que estuvieras aquí para disfrutar conmigo de esta encantadora habitación!

Quiero que sepas que la semana pasada, el jefe del departamento de la universidad me dio una magnífica noticia: me ascendieron a profesor. Patria y yo celebramos las buenas nuevas con una cena en *Red Lobster*, un restaurante de mariscos —no tan sabrosos y frescos como los del pueblito costero de Salinas, verdad, pero por lo menos son mariscos—. Sólo fuimos nosotros dos. Los hijos tenían planes con sus familias.

Recientemente he estado en comunicación con mis hermanos. Dolores llamó la semana pasada. Parece que su familia está muy bien. Este fin de semana, visité a Enrique (ahora prefiere que lo llamen "Henry"). Trabajamos en un proyecto en su casa durante un rato. Es *chévere* tener algunos de mis hermanos aquí. Es cierto que ellos me siguieron a mí a esta comunidad, pero no hay problema. Parece que a todos les ha ido bien.

Te voy a pedir un favor. ¿Podrías mandarme el disco compacto de aguinaldos de Navidad que acaba de salir? Lo supe por un programa especial en español que vi en la televisión el otro día, uno de los pocos en mi idioma que se ven en esta área. Dile a mi buen amigo Paco que te lo compre, ya que parece que tú ahora no sales mucho. Hace varias semanas, él me envió un paquete con varios periódicos del país y un delicioso dulce de naranja, que él sabe que me encanta.

Mami, el próximo verano trataré de visitarte otra vez, para así trabajar en las urgentísimas reparaciones de la casa. Bendición.

Con mucho amor, besos y abrazos,

Francisco

Al terminar la carta, Francisco la selló y la colocó en el fino escritorio de roble. Sus ojos vagaron por su bien ordenado estudio y se detuvieron en una larga fila de libros, mudos testigos de una intensa y productiva vida profesional. Su atención se dirigió, entonces, al identificador de llamadas telefónicas que no había registrado nada en los últimos días. Luego posó su mirada en una elegantemente enmarcada fotografía en blanco y negro que colgaba en la pared. En esa foto, que databa de 1963, se mostraba a una familia cuyos miembros ahora estaban separados física y emocionalmente, por decisiones personales o circunstancias históricas. Varias lágrimas le rodaron por las mejillas; sin embargo, ninguna tocó la carta que yacía en el escritorio lista para ser enviada.

The Search: Seeing My Neighbors with New Eyes

La búsqueda: ver a mis vecinos con nuevos ojos

Regarding Michael and Other Gods

He was different from all of us, even though he spoke Spanish like my friends and me. The straight red hair, the abundance of freckles, the type of clothing, all these things made him stand out. He was a Gringo, an *americano*, living in our small town, where everybody else had descended from a mixture of African, Indian and Spaniard.

Michael was a god; he came from what we considered the most powerful country in the world. He was perfect, I felt, practically immortal. My classmates, if not the whole school, and likely the entire town, saw him in the same way. He had all the things admired in my community. His father owned a car. The family lived in a palatial house. In addition, his father had brought a new religion to town. His dad was what they called *un misionero*, a missionary.

Michael was the new god. I remembered stories from my history classes of the Indians of my island thinking of the Spaniards as gods. These newcomers who sailed in from the horizon of the sea were different. Their skin color was a shade lighter and their clothes set them apart. They spoke another language. They owned horses and came from a supposedly more civilized country. They brought a new religion to the Island. They were what my history book called *conquistadores*.

To the unsuspecting *Taínos*, though, these men were perfect in every way. Clearly they were immortal. This was the community's belief until three daring leaders, who seemingly entertained some doubts, put them to a test. The plan was to observe if a Spanish soldier would survive after an extended time of submersion in water. Needless to say, at the end of the predetermined time, both the object of the experiment and a societal myth met their demise. Yet, since these honored beliefs were very tenacious, the unfortunate Spaniard was subjected to the second level of examination: to remain lying at the riverside for three more days under the watchful eyes of his captors. Even with the grace of this opportunity, the lighter-skinned god was unable to prove his godhood. What a discovery for the community: The conquistadors were as human as they were!

Now here I was, several centuries later, thinking in a similar way. The white people were gods. These newcomers who arrived on Pan American Airlines were superior. They had blue eyes and straight blond hair, and they spoke a language strange to my ears.

Michael was a good baseball player. What else would you expect from a god? He slid into second base, and with purposeful abandonment swung his elbow into the face of the second baseman. My front teeth were struck by the gringo elbow and fell down into *boricua* dirt at my feet. Blood streamed down my chin; the pain was indescribable. Fearful thoughts rushed into my mind: Me, a seventh grader *mellao*, toothless! How could this happen to me! Equally painful were teammate comments that Michael had done this intentionally to me. Why would he do this to me? Why did he do it to someone who had placed him on a pedestal?

When I struck him on the nose a few days later, I noticed his blood was red like mine and that he was in pain like I had been. I knew then that he was human, like me. That we were equal—*iguales, como Dios manda.* The liberation I felt at that moment was a catharsis for my soul.

Now, in reflection, I wonder if there was a similar release for my legendary ancestors. I am not sure. At any rate, hurtful experiments aside, maybe, just maybe, my personal enlightenment could bring a kind of closure to what that mythical riverside episode began.

En cuanto a Michael y otros dioses

Él era diferente a todos nosotros, aunque hablaba español como mis amigos y yo. El pelo rojo y lacio, las numerosas pecas, el tipo de ropa, todas esas cosas lo hacían sobresalir. Él era gringo, un americano que vivía en nuestro pueblito, donde todos éramos descendientes de una mezcla de africano, indio y español.

Michael era un dios; llegó del país que nosotros considerábamos el más poderoso del mundo. Era perfecto; así yo lo sentía, prácticamente inmortal. Mis compañeros de clase, si no la escuela completa y, probablemente, el pueblo entero, lo veían de la misma forma. Él poseía todo lo admirado en mi comunidad. Su padre tenía carro. La familia vivía en una casa palaciega. Además, su progenitor había traído una nueva religión al pueblo. Su papá era lo que llamaban "un misionero".

Michael era el nuevo dios. Yo recordaba cuentos de mis clases de historia, acerca de los indios de mi isla que pensaban que los españoles eran dioses. Estos recién llegados, que arribaron navegando por el mar, eran diferentes. Su color de piel era más claro y su ropa los distinguía. Hablaban otro idioma. Tenían caballos y venían de un país supuestamente más civilizado. Trajeron una nueva religión a la isla. Ellos eran lo que mi libro de historia llamó "conquistadores".

Para los inocentes taínos, sin embargo, estos hombres eran perfectos en todas las formas. Claramente, eran inmortales. Ésta era la creencia comunal, hasta que tres atrevidos líderes, quienes parecían tener sus dudas, los pusieron a prueba. El plan: observar, para ver si un soldado español sobrevivía después de un periodo extenso de sumersión en el agua. Necesario es decir que, al final del tiempo predeterminado, ambos, el objeto del experimento y un mito social encontraron su deceso. Sin embargo, como las respetadas creencias son muy tenaces, el desafortunado español fue puesto a un segundo nivel de prueba: mantenerlo acostado a la orilla del río durante tres días más, bajo la vigilante mirada de sus captores. Hasta con la gracia de esta oportunidad, el dios de piel más blanca no pudo probar su deidad. ¡Qué descubrimiento para la comunidad!: ¡los conquistadores eran tan humanos como ellos!

Ahora, varios siglos después, yo estaba aquí pensando de forma parecida. Los blancos eran dioses. Estos recién llegados que arribaron en *Pan American Airlines* eran superiores. Tenían ojos azules y pelo rubio y lacio, y hablaban un lenguaje que me sonaba muy raro.

Michael era un buen jugador de béisbol. ¿Qué más puedes esperar de un dios? Se deslizó en segunda base y, con determinado abandono, tiró un codazo hacia la cara del segunda base. El codo gringo aterrizó en mis dientes delanteros superiores y éstos cayeron en tierra boricua cerca de mis pies. La sangre me rodó por la barbilla; el dolor era indescriptible. Por la mente se me apresuraron pensamientos de miedo: yo, un estudiante de séptimo grado, "mellao", sin dientes. ¿Cómo es que esto me pasa a mí? Pero igualmente dolorosos fueron los comentarios de mis compañeros de equipo acerca de que Michael me lo había hecho a propósito. ¿Por qué me hizo esto? ¿Por qué se lo hizo a alguien que lo había colocado en un pedestal?

Cuando lo golpeé en la nariz, varios días después, noté que su sangre era roja como la mía y que estaba sufriendo como yo había sufrido. Supe entonces que él era humano, como yo. Que éramos iguales iguales, como Dios manda. La liberación que sentí en ese momento fue una catarsis para mi alma.

Ahora que reflexiono, me pregunto si hubo una liberación similar para mis legendarios antepasados. No estoy seguro. De todas formas, colocando los dolorosos experimentos a un lado, quizás, sólo quizás, mi iluminación personal pueda proveer un tipo de clausura a lo que comenzó aquel mítico episodio ribereño.

Silver Dollars

While inserting a hanger into the soft cotton shirt he had just purchased from an exclusive catalog company, the label caught his attention. It read "Made in Honduras." He was a successful executive with little time for pursuing whims, so the intensity of his curiosity, triggered by that little rectangular strip of fabric came as a surprise. So the shirt was sewn in Latin America, he thought, but by whom, and in what setting? His questions continued as he found himself flipping through the row of crisply ironed shirts neatly hanging in his closet. The names of El Salvador, Costa Rica, Honduras and the Dominican Republic repeatedly flashed by his fingers. Suddenly a torrent of memories hit him.

He saw himself as a boy walking with purpose into town, a midday Caribbean sun warming his dark curly hair. In one hand he carried the *fiambreras*, a stack of metallic food containers, from which, now and then, wafted the savory smell of rice and beans. It was a few miles to walk, but he did not mind; he was taking lunch to his mother. She had just begun working in a factory owned by a North American company and was making winter gloves. She had explained to him, when she got the job, that it would provide the family with extra income, which he was able to understand without difficulty. What did not make sense to him on this hot tropical day, though, was why anyone needed warm gloves. He knew his mother was being paid twenty-four dollars per week. That was good money to buy clothing for his siblings, his mom and dad, and him. Not fancy clothing, of course, but good basic wear. His family was one of the lucky ones, he mused, as he kicked an overripe orange into the ditch. Then, he remembered. If he hurried, he would be able to visit while he waited with his friends, who were also bringing lunches to their mothers. Then at the ringing of the noon-hour bell, they could eagerly look for their family members among the huge crowd of dark-haired women swarming throught the factory doors.

His mother seemed happy with the job. She sewed beautiful leather gloves as well as luxurious cotton ones. She appeared content, though extremely busy. There was even that one Christmas when, as a special incentive, the workers received their weekly salaries in *pesos gordos*: those shiny silver dollars proudly exhibiting the symbol of peace. She felt fairly satisfied with her work, that is, until she heard something disturbing from her co-worker Luz: that one of her sisters was doing exactly the same task in "Nueva Yol," but earning three times more money.

The boy remembered the day he overheard his mother telling his father what Luz had learned. His mother wanted to talk about *la explotación*.

"It doesn't seem fair," the boy heard his mother say. She then talked about the long hours, the uncomfortable work ambiance, and the low wages. She mentioned that all those hours at the machine, in one position, were creating a pain in her ankle and leg that was getting worse over time. It seemed to the young eavesdropper that the trickle of doubt and dissatisfaction, which had been dammed through the past months, had broken loose by merely expressing it, and now grown to flood stage as his mother's voice continued on and on and on.

The silence that finally followed told the hidden listener that his father had probably understood what his mother had said, and that now he was thinking about it. When after some time the man spoke, the boy moved closer to the wall dividing them.

"Esperanza," the words came, "there is no denying the unfairness of this situation. Doña Luz has put her finger on a real issue of inequality." He paused, briefly, before continuing, "But you realize, my wife, that before this glove factory came to our town, we had hardly anything. If a woman wanted to contribute to family income or needed to supply completely for the family, the possibilities were very limited. Your options were long hours picking coffee when it was in season, sewing sticky and smelly tobacco leaves, or working for a meager salary as a maid in a wealthy home. Now, at least, we have this industry in our community and it pays better, gives regular hours, and continues all year long." As the silence in the other room lengthened, the boy carefully tiptoed to his bedroom.

Now, the executive turned slowly, and thoughtfully left the walk-in closet. Going to his roll-top desk he shuffled through a stack of papers, paused, and pulled one sheet out of the pile. He put on his reading glasses, reviewed the detailed information, and then dialed a number on his desk phone.

"Ed," his voice held a determined note, "regarding that demonstration you told me about earlier. You know the one that's going on right now about those companies with the lousy working conditions in Latin America? Let's go. Pick me up in ten minutes? See you then."

Putting the phone down, the tall man with gray streaking through his thick black hair casually tossed a jacket over his shoulders, and opened the front door. He paused briefly in the doorway and then stepped out into an early spring day, where a gentle sun bathed the last clumps of snow with warmth and light.

Pesos gordos

Mientras insertaba un gancho en la suave camisa de algodón que había acabado de comprar por catálogo en una exclusiva tienda, la etiqueta le llamó la atención. Decía: *Made in Honduras*. Él era un exitoso ejecutivo con muy poco tiempo para perseguir caprichos; así que la intensidad de su curiosidad le vino como una sorpresa, impulsada por esa bandita rectangular de tela. "De modo que la camisa se cosió en América Latina", pensó, "pero, ¿quién lo hizo y en qué condiciones?". Sus preguntas continuaron mientras se encontraba revisando la hilera de camisas esmeradamente planchadas, que en sumo orden colgaban en su guardarropa. Los nombres de El Salvador, Costa Rica, Honduras y República Dominicana pasaron repetidamente y en forma fugaz por sus dedos.

De repente, le llegó un torrente de memorias. Se vio de niño caminando diligentemente hacia el pueblo, en un sol de mediodía caribeño que le calentaba su rizado pelo negro. En una mano, cargaba las fiambreras, ese montón metálico de envases de alimento, de las que flotaba, de vez en cuando, el sabroso olor de arroz y habichuelas. Eran varias millas de caminata, pero a él no le importaba, le llevaba el almuerzo a su mamá. Ella había comenzado a trabajar en la fábrica de unos norteamericanos, haciendo guantes para el invierno. Le había explicado, cuando lo consiguió, que ese trabajo le iba a proveer a la familia un ingreso adicional, hecho que él pudo comprender sin dificultad. Lo que no podía entender muy bien, sin embargo, en este cálido día tropical, era por qué alguien necesitaba guantes para calentarse las manos. Sabía que a su mamá le pagaban veinticuatro dólares por semana. Era una buena cantidad para comprar ropa para sus cinco hermanos, su mamá y su papá, y para él. No ropa lujosa, claro, pero sí de buena calidad. Su familia era una de las afortunadas, meditaba mientras pateaba hacia la zanja una naranja medio podrida. Entonces recordó. Si se daba prisa, podría pasar un tiempito conversando con sus amigos, quienes también les habían traído el almuerzo a sus madres. Así, cuando sonara el timbre que marcaba la hora del almuerzo, todos podrían ver el enjambre de mujeres pelinegras que salían por las puertas para encontrarse afuera con los miembros de su familia.

Su madre parecía feliz con su oficio. Ella cosía bellos guantes de cuero como también unos lujosos, de algodón. Se veía contenta, pero extremadamente atareada. Hasta hubo una Navidad cuando, como un incentivo especial, los trabajadores recibieron su salario semanal en "pesos gordos": unos brillantes dólares de plata que exhibían orgullosamente el símbolo de la paz. Ella se sentía bastante satisfecha con su empleo, hasta que oyó algo inquietante de su compañera de trabajo Luz: que una de sus hermanas hacía exactamente las mismas labores en "Nueva Yol", pero ganaba tres veces más dinero.

El niño recordó el día en que oyó a su madre decirle a su padre lo que Luz había descubierto. Su madre quería hablar de "la explotación".

"No me parece justo", el niño oyó decir a su madre. Ella, entonces, habló de las largas horas, del incómodo ambiente de trabajo y de los bajos salarios. Mencionó cómo las largas horas pedaleando en la máquina en la misma posición le estaban creando un agudo dolor en el tobillo y en la pierna, el cual se estaba empeorando con el paso del tiempo. Al jovencito que escuchaba a escondidas, le pareció que el chorrito de duda e insatisfacción que había sido reprimido durante los últimos meses se había desbordado al expresarlo, y ahora había llegado a una etapa de inundación, mientras la voz de su madre seguía, seguía y seguía.

El silencio que finalmente prevaleció le indicó al "oyente escondido" que su padre, probablemente, había entendido lo que su madre había dicho y que, ahora, lo estaba pensando. Cuando el hombre volvió a hablar, el niño se acercó más a la pared que los dividía.

—Esperanza —hicieron eco las palabras—, no se puede negar lo injusto de esta situación. Doña Luz, indudablemente, ha acertado en cuanto al asunto de la desigualdad.

El hombre pausó brevemente antes de continuar:

—Pero, ¿te has dado cuenta, cariño, de que antes de que la fábrica de guantes llegara al pueblo no teníamos casi nada? Si una mujer deseaba contribuir al ingreso de la familia o necesitaba mantenerla completamente, las posibilidades eran muy limitadas. Las opciones eran coger café durante largas horas en la cosecha, coser pegajosas y malolientes hojas de tabaco o ser criada por una miseria en una de las familias pudientes del pueblo. Por lo menos, ahora, tenemos esta industria en la comunidad que paga mejor, ofrece horas con regularidad y continúa el año entero.

Mientras el silencio se prolongaba en el cuarto contiguo, el niño cuidadosamente se alejó hacia su dormitorio en las puntitas de los pies.

El ejecutivo se volteó lentamente y, muy pensativo, salió del enorme guardarropa. Se acercó a su escritorio de cubierta corrediza y comenzó a hojear la pila de papeles, pausó, y sacó uno. Se puso los espejuelos de leer, repasó detalladamente la información y, entonces, marcó un número en el teléfono de su escritorio.

—Ed —su voz mantuvo una nota de determinación—, en cuanto a esa manifestación que me mencionaste anteriormente, tú sabes, la que está ocurriendo ahora mismo en relación a esas empresas que tienen pésimas condiciones de trabajo en América Latina. Vamos. ¿Pasas por mí en diez minutos? Te veo entonces.

Después de colocar el teléfono en su lugar, el hombre alto con un grueso pelo negro salpicado de canas, se tiró casualmente una chaqueta a los hombros y abrió la puerta del frente. Se detuvo brevemente en la entrada; entonces, salió hacia un día de principios de primavera, donde un gentil sol bañaba, con calidez y resplandor, los últimos montoncitos de nieve.

Fifty Colones

Distant green-covered mountains below a blue cloudless sky were visible outside our breakfast nook. A fresh morning breeze played with the curtains and our window framed the antics of yellow songbirds in their socialization rituals. The neighbor's dog barked at the broom peddler walking up the street, his arms laden with brushes and cleaning utensils of all sorts. It was a beautiful day, the kind that invites one to mingle with the activity outdoors. So, after clearing the table, we locked the house door and headed out to our attached garage. There, we discussed whether we should walk or drive. Opting to leave behind our recently purchased vehicle, lest it be scratched or stolen, we locked the garage, locked the property gate, and walked down the street toward the center of the city and our favorite spots.

El Teatro Nacional, the national theater, and its adjoining cultural park were, as usual, packed with action. Flocks of multi-colored pigeons scattered as running toddlers disturbed their clusters. Older children and adults were offering corn to the birds, the grain purchased from walking vendors. A slender, well-dressed man strolled through the brick plaza with his Polaroid, announcing his photographic services, for a fee, to interested individuals. Deep airy musical tones heralded the approach of the peddler selling *ocarinas*, ancestral whistles carved in stone in the shape of animals. Along the edge of this hub of activity, a girl had arranged a display of earrings her father had made in his tiny shop. And on one of the corners, a small group of musicians playing typical Andean music was drawing a growing crowd of listeners. As a temporary resident in this country for one year myself, it was interesting to me to observe the number of foreigners interspersed among the park population.

I had brought my camera with me that morning and, since my wife wanted to feed the pigeons, I decided to take a picture of her in action. First, though, I needed to buy the corn. Nearby was a lad about eight years old selling little plastic packages of the grain, so I waved him over.

"¿*Cuánto vale*? How much does it cost?" I asked him.

"*Cincuenta colones*," he replied.

"Hmmm", I thought, "that is a mere forty cents in dollars. I reached into my pocket but discovered the smallest coin I had was a hundred *colones*. Figuring he had change, I gave the coin to him. Instead of making the transaction though, he looked at me and then turned slightly away, raising his arm high and showing the coin. I could not see anybody respond to him. His clothes were ragged and dirty, and I began to distrust him. I wondered whether this was just another trick to take off with my coin. Despite the fact that his look was gentle and his eyes seemed to show honesty and sincerity, the voices running inside my head were stronger, warning me of city tricks, of pickpockets, of drugs, of a society changing for the worst. I watched him closely, ready to chase him if necessary.

Then the child turned and with a smile returned the coin to me, leaving me with both the money and the corn.

"Here," he instructed me, "my mother is coming. Give her the money; she has change."

Just then an overweight middle-aged woman approached us and the boy disappeared into the crowd to make another transaction. The mother, apparently accustomed to her son's working style, gave me the appropriate change for my coin.

"*Dios lo bendiga*, God bless you," she said with warmth and appreciation as she left with her bags of corn.

A small cluster of pigeons was already surrounding the little pile of corn my wife had placed on the ground and others were being lured toward the grain in her hand. I reached into my pocket to take out the hidden Canon camera, in order to take a picture of the joy brought about by my forty-cent purchase.

Click. Click. I took the photos. I have them today in my album. Yet the pictures that are more strongly engraved in my mind these many years later are not those in storage. Rather, the images that continue to linger poignantly in my memory are those of a sincere boy and his openhearted action, and a mother's grateful blessing upon me.

Cincuenta colones

Las lejanas montañas cubiertas de verde bajo un cielo azul despejado se podían ver desde el rinconcito en que desayunábamos. Una fresca brisa mañanera jugaba con las cortinas, y nuestra ventana enmarcaba las payasadas de los pájaros cantores amarillos en sus ritos de socialización. El perro del vecino le ladraba al vendedor de escobas que caminaba calle arriba, sus brazos repletos de cepillos y todo tipo de utensilio de limpieza. Era un día hermoso, uno de esos que invita a uno a mezclarse con las actividades al aire libre. Así que después de recoger la mesa, cerramos la puerta de la casa y salimos por el garaje. Ahí nos detuvimos y tratamos de decidir si queríamos caminar o manejar. Optamos por dejar nuestro recién comprado carro por temor a que lo rasguñaran o nos lo robaran. Cerramos el garaje, cerramos el portón de la propiedad y caminamos calle abajo hacia el centro de la ciudad y nuestros lugares favoritos.

El Teatro Nacional y su adyacente Plaza de la Cultura estaban, como de costumbre, repletos de acción. Bandadas de palomas de diversos colores se dispersaban, mientras que los niñitos corretones molestaban a sus grupitos. Los niños y los adultos les ofrecían a los pájaros el maíz que les habían comprado a los vendedores ambulantes. Un hombre delgado y bien vestido se paseaba por la plaza de ladrillo con su *Polaroid*, anunciando su módico servicio fotográfico a los interesados. Unos tonos musicales profundos anunciaron la llegada del vendedor de ocarinas, esos pitos ancestrales tallados en piedra en forma de animales. A la orilla de este núcleo de actividad, una niña había arreglado una exhibición de aretes que su padre había elaborado en su tallercito. Y en una de las esquinas, un grupito que tocaba música tradicional andina atraía a una creciente multitud de oyentes. Como residente temporal de este país por un año, me era interesante observar el número de extranjeros esparcidos entre la multitud de la plaza.

Esa mañana yo me había traído la cámara y, ya que mi esposa deseaba alimentar las palomas, decidí tomar una foto de la acción. Primero, sin embargo, tenía que comprar el maíz. Cerca de mí había un muchachito de unos ocho años vendiendo los granos en bolsitas plásticas, así que le hice señas para que se me acercara.

—¿Cuánto vale? —le pregunté.

—Cincuenta colones —respondió.

"Mm", pensé, "esto es solamente cuarenta centavos de dólar". Me metí la mano en el bolsillo y descubrí que la moneda más pequeña que tenía era de cien colones. Asumiendo que él tenía cambio le di la moneda. Sin embargo, en lugar de hacer la transacción, él me miró y entonces se viró alejándose de mí un poquito, mientras alzaba el brazo y mostraba la moneda. Yo no podía ver a nadie que le contestara. El niñito llevaba puesta una ropa harapienta y sucia, y yo comencé a desconfiar. Me pregunté si esto era otro truco para desaparecerse con mi moneda. A pesar de que su mirada era gentil y sus ojos parecían mostrar honestidad y sinceridad, las voces que me corrían por la mente eran más fuertes, advirtiéndome de trucos citadinos, de rateros, de drogas, de una sociedad que se dirige hacia lo peor. Yo lo vigilaba, listo para perseguirlo si fuera necesario.

Entonces, el niño se volteó hacia mí y con una sonrisa, me devolvió la moneda, dejándome con ambos, el dinero y el maíz.

—Aquí tiene —me instruyó—, mi mamá viene por ahí. Dele el dinero; ella tiene cambio.

En ese momento se nos acercó una mujer medio gordita, de mediana edad, y el niño desapareció entre la multitud para hacer otra transacción. La madre, aparentemente acostumbrada al estilo de trabajo de su hijo, me dio el cambio apropiado.

—Dios lo bendiga —dijo ella con efusividad y aprecio mientras se alejaba con sus bolsitas de maíz.

Unas palomas ya estaban rodeando el montoncito de maíz que mi esposa había colocado en el suelo, y otras habían sido atraídas por los granos que ella tenía en la mano. Saqué de mi bolsillo la bien escondida cámara *Canon*, para poder tomar una foto del placer proporcionado por la compra de cuarenta centavos.

Clic. Clic. Tomé las fotos. Hoy en día, las tengo en mi álbum. Sin embargo, las fotos que están fuertemente grabadas en mi mente muchos años, después, no son las que están en el álbum. Mejor dicho, las imágenes que continúan persistiendo conmovedoramente en mi memoria son las de un niño sincero y de gran corazón, y las de una madre agradecida que me bendice con cordialidad y respeto.

El Moreno

Nobody knew his beginnings. One day he suddenly appeared in our neighborhood asking for money and food and insisted he was a guard on our street to protect our lives and property. Everybody presumed he came from the Atlantic coast because his skin color and knowledge of *inglés* matched the inhabitants of that region. He appeared to be a descendant of the Jamaicans who had arrived a century before to build, with sweat and blood, railroad lines that connected the Eastern coastal area and the capital city. Though eventually a neighbor or two understood his real name to be Luis Fernando, the majority identified him only as *El Moreno*, the dark-skinned one.

"*Dame una pizca*, give me just a little bit," his squeaky voice begged throughout the day, as our community went about its activities. There would be a pause and then he would add, "you know, to get something to eat."

We gave him something —in fact, a lot of things. We gave him money, innumerable cups of coffee, an occasional plate of hot rice and beans, a clean used T-shirt when his was too dirty and smelly, a jacket when the rainy season brought cool nights. Or we would just keep walking, ignoring the quixotic-looking young man with scraggly dirty hair and high-pitched voice approaching us with outstretched hand.

"These tennis shoes are too tight for me," he complained. "They're size 8; I wear size 10. Do you have another pair?" He tossed the faded footwear into the garage as though expecting an exchange. The red objects flew back into the street with disgust.

The pillow and blanket, hurriedly given him by the mink-coated woman on her way to her niece's wedding, later appeared at the entrance of another resident's well-kept home, the one with a fireplace. These objects too were tossed back into the street in a gesture of even more vehement rejection.

"*¡Hijo'eputa, hijo'eputaaa!,*" the grating shrill voice swore in front of the house with the fireplace. He was talking to no one, only to himself. Yet everyone was listening.

"*El Moreno*," said our maid, "is a problem."

Despite *El Moreno*'s self-imposed role as neighborhood guard, my property continued to be vandalized and robbed. So, after being a victim a number of times more, I employed a skilled workman to construct a bar and metallic latticework combination at the entrance of our home. Now, no thief, whoever that may be, would be able to bother us. For certain, *El Moreno* would need to keep his distance.

"Someone is knocking on our iron bars."

"It's *El Moreno*; don't go out. Maybe he'll go away."

The persistent tapping continued. Probably he wanted a cup of coffee, some money, a piece of bread, a *pizca* of something. Nobody knows. With no response forthcoming, the black beggar decided to leave the premises.

"What are you doing there?" barked a voice with authority.

Startled from my deskwork I hurried to the window. From my strategic second story position I could see two municipal police confronting *El Moreno*.

"*Yo trabajo aquí*. I work here," *El Moreno* answered, his falsetto voice whiningly explaining the reason for his presence on my property.

"You are lying to me. Show me your ID card, your *cédula de identidad*," demanded the distrusting officer.

Though the men were out of sight, the muffled sounds of physical struggle forced their way through my open window. I heard a car door slam and then saw the policemen washing their hands in a nearby faucet, scrubbing with intensity and disgust.

A knock and a call at our lattice-protected entrance took me away from my lookout. It was one of the officers.

"No," I responded to his question, "*El Moreno* does not work for us."

He then glanced at our house and out at our yard. "Have you experienced vandalism and theft?"

"Yes," I answered, "more than once."

"*Ah, sí*," he nodded.

Then thanking me, he left, satisfaction in his stride. He had found a solution to a neighborhood complaint. He would escort an eyesore out of our sight.

The policeman eased into the brand new official car at the curb. From my vantage position behind the latticework, I could see in the rear seat a dark-skinned face looking down. His hands were obviously cuffed. Mixed emotions bubbled below the surface of my consciousness. I felt a sense of relief that *El Moreno* would not be around to hound the activities of our street. Yet, simultaneously, I sensed a deep, very deep sadness overshadow that relief.

Pensively, I watched the vehicle merge into traffic and disappear down the street. Numbed by conflicting thoughts and the preceding action, I was unaware that my fingernails were digging into the flesh of my crossed arms. They were digging sharply into skin, a skin that was only a shade lighter than that of *El Moreno*.

El Moreno

Nadie conocía sus comienzos. Un día, él apareció repentinamente en nuestro vecindario pidiendo dinero y comida, e insistía en que era el guardia asignado a nuestra calle para protegernos la vida y la propiedad. Todo el mundo suponía que él era de la costa Atlántica por el color de su tez y el conocimiento del inglés, aspectos característicos de los habitantes de esa región. Parecía ser descendiente de los jamaicanos que habían llegado un siglo antes para construir, con sudor y sangre, las vías del ferrocarril que conectaban la región costera oriental con la ciudad capital. Aunque, finalmente, un vecino o dos supieron que su nombre verdadero era Luis Fernando, la mayoría lo identificaba sólo como "El Moreno", el de la piel oscura.

"Dame una pizca; dame sólo un poquito", su chillona voz imploraba a lo largo del día, mientras nuestro vecindario seguía con sus actividades cotidianas. Hacía una pausa y entonces añadía, "sabes, para conseguir algo de comer".

Nosotros le dimos algo —de hecho, muchas cosas—. Le dimos dinero, innumerables tazas de café, un ocasional plato de arroz y frijoles calentitos, una camiseta usada y limpia, cuando la suya ya estaba demasiado sucia y maloliente, una chamarra cuando la temporada de lluvias traía las noches frías. A veces, simplemente, continuábamos caminando e ignorando al joven de apariencia quijotesca, de sucio y alborotado cabello y voz aguda, que se nos acercaba con la mano extendida.

—Estos tenis me quedan demasiado apretados —se quejó—. Son tamaño 8; yo calzo 10. ¿No tiene otro par?

Lanzó el descolorido calzado en el garaje, como si estuviera esperando un intercambio. Los objetos rojos volaron con fastidio de regreso a la calle.

La almohada y la manta, que le había dado de prisa la mujer del abrigo de piel cuando se dirigía a la boda de su sobrina, luego aparecieron en la entrada de otra residencia bien mantenida, que tenía chimenea. Estos objetos también fueron lanzados a la calle en un gesto de todavía más vehemente rechazo.

—¡Hijo'eputa, hijo'eputaaa! —maldijo la estridente voz enfrente de la casa con chimenea.

Él no estaba hablando con nadie, solamente con él mismo. Sin embargo todo el mundo estaba escuchando.

—El Moreno —dijo nuestra empleada doméstica— es un problema.

A pesar de que El Moreno se autoproclamaba "guardia del vecindario", se seguían metiendo a destrozar y a robar en mi propiedad. Así que, después de ser víctima varias veces más, empleé a un hábil obrero para que construyera unas rejas de metal en nuestra entrada. Ahora ningún ladrón, quienquiera que fuese, iba a poder molestarnos. Seguramente, El Moreno tendría que mantenerse distanciado.

—Alguien está tocando a las rejas.

—Es El Moreno; no salgan. A lo mejor se va.

El persistente golpeteo continuó. Quizás quería una taza de café, algún dinero, un pedazo de pan, una pizca de algo. Nadie sabe. Como no obtuvo respuesta, el mendigo negro decidió abandonar la propiedad.

—¿Qué estás haciendo ahí? —gruñó una voz autoritaria.

Abandoné alarmado el trabajo de escritorio y me apresuré a la ventana. Desde mi posición privilegiada de un segundo piso, vi a dos policías municipales enfrentar a El Moreno.

—Yo trabajo aquí. Yo trabajo aquí —contestó El Moreno con su voz de falsete explicando quejonamente el porqué de su presencia en mi propiedad.

—Estás mintiendo. Muéstrame el carné de identificación, la cédula de identidad —demandó el desconfiado oficial.

Aunque los hombres estaban fuera de mi vista, los sonidos amortiguados de una lucha física se colaron por la ventana abierta. Oí el golpetazo de una puerta de carro y entonces vi a los policías lavándose las manos en una pluma cercana, restregándose con brío y disgusto.

Un golpe y una llamada en nuestra entrada enrejada me sacó

de mi puesto de observación. Era uno de los oficiales.

—No —respondí a su pregunta—, El Moreno no trabaja para nosotros.

Él, entonces, le echó una ojeada a la casa y al patio.

—¿Usted ha experimentado vandalismo y robo?

—Sí —contesté—, más de una vez.

—Ah, sí —el oficial asintió con la cabeza.

Entonces, dándome las gracias, se alejó con un caminarcito que mostraba satisfacción. Había hallado la solución a la queja del vecindario. Iba a escoltar a un adefesio fuera de nuestro panorama.

Los policías se subieron con cuidado al nuevo carro oficial estacionado a la orilla de la calle. Desde mi ventajosa posición detrás de las rejas, pude ver en el asiento trasero una cara de tez morena que miraba hacia el piso. Estaba esposado. Unas emociones entremezcladas burbujearon bajo la superficie de mi conciencia. Sentí una sensación de alivio porque El Moreno ya no iba a estar acosando las actividades de nuestra calle. Sin embargo, simultáneamente, sentí una profunda y desgarrante tristeza que opacaba mi alivio.

Pensativo, vi el vehículo integrarse al tráfico y desaparecer calle abajo. Entumecido por los pensamientos conflictivos y los acontecimientos del momento, no me había dado cuenta de que las uñas se me estaban clavando en los brazos cruzados. Se me estaban clavando agudamente en la piel, una piel que era sólo un matiz más claro que la de El Moreno.

Glossary/Glosario

Abuela: Grandmother

Abuelo: Grandfather

Adorada: Dearest

Aguinaldo: Traditional Christmas song

Alcapurria: A traditional fritter made of *yautía* (taro root) and green bananas, stuffed with *picadillo*, a basic beef stuffing.

Arroz: Rice

Béisbol: Baseball

Bendición: A blessing still practiced in some Hispanic countries as an integral part of greetings and farewells when younger family members greet their elders.

Boricua: A nickname for Puerto Ricans. The term is derived from *Borinquen*, the pre-Columbian name for the island of Puerto Rico.

Cantina La Luz: The Light Neighborhood Pub

Capilla del Cristo: The Chapel of Christ, a very famous landmark in Old San Juan, Puerto Rico.

¡Caramba!: Wow!

Caribeño: A native of the Caribbean area.

Chico: A child. When used as an expression, its equivalent in English is "Man!"

Cincuenta colones: Fifty *colones.* The *colón* is the basic monetary unit of Costa Rica.

Con entusiasmo y pasión: With enthusiasm and passion.

"Con mucho amor, besos y abrazos": "With lots of love, kisses and hugs." In the closing of a letter the equivalent of this phrase in English is "Love and kisses."

Conquistadores: Conquerors.

Coquí: A tiny tree frog, native of Puerto Rico, named after its distinctive nocturnal call.

Criolla: A person who is born and raised in Spanish America, whose ancestors are originated from other countries.

Dulce de naranja: A candy made out of orange peeling.

El campo: The countryside.

"Espero que al recibir ésta te encuentres bien.": "Hopefully at the time you receive this you are feeling well." Most personal letters begin with an introductory statement of this kind.

Estados Unidos: United States.

Fiambreras: Portable covered metal containers used to carry meals to and from work.

Flamboyán: A tree growing in the tropics that is very colorful when it blooms.

¡Fuácata!: An interjection used in the Caribbean area to indicate a blow or whack.

Gallego: A very colorful ornamental bush.

Guayabera: An embroidered lightweight loose-fitting shirt worn in Latin America, especially in the Caribbean area.

Güiro: A musical instrument made from a curved dried gourd decorated with parallel grooves cut horizontally on one of its sides. A wooden brush with wire bristles is used to scrape over these grooves, producing a scratchy rhythmic sound.

Habichuelas: Dried beans. Also called *frijoles* or *porotos* in many Spanish-speaking countries.

Hijo: Son.

¡Hijo'eputa!: "A contraction of the expression "son of a bitch."

Inglés: English.

Jíbaro: A rural Puerto Rican with distinctive dialect and customs.

La explotación: Exploitation

La Voz: The Voice.

Mabí: A fermented beverage of the Caribbean islands made from the bark of the *mabí tree.*

Macetero: A term used in the Caribbean area to define a very good baseball batter. Derived from the word *maceta*, a large pestle.

Mancha de plátano: A plantain stain. A phrase used to show that a person never loses one's cultural identity. This expression comes from the reality that a plantain stain never fades.

Merengue: A candent and rhythmic music and dance form associated with Latin America, but especially with the Dominican Republic.

"Mi casa es tu casa.": "My house is your house." This is a popular Hispanic expression of welcome.

Mi gente: My people.

Mi hijo: My son.

Miramelindas: Impatiens. These flowers grow wild in the Caribbean area, blooming in an abundant variety of colors.

Mis paisanos: My compatriots.

Mucho y sabroso ron: Plentiful and tasty rum.

"¡Nos mantenemos en comunicación!": "Let's stay in contact!"

Nueva Yol : New York City. The formal translation is *"Nueva York."*

Padre: Priest.

Pan de agua: A crusty French-style bread.

Panadería: Bakery.

Papi: Daddy.

Pasteles: A mixture of ground plantain, green bananas and yucca stuffed with seasoned meat and then wrapped in a roasted banana leaf. It is boiled before serving.

Pelotero: Baseball player.

Pesetas: Formerly, the basic monetary unit in Spain.

Pesos gordos: Silver dollars. A literal translation is "chubby pesos," in reference to the thickness of the coin.

Piragua: Snow cone. Depending upon the country, this flavored treat is called *copo, raspa,* or *granizado.*

Pizca: A pinch; a little bit of something.

Quenepa: A grape-size fruit with pinkish pulp that can be sucked from the seed when ripe.

Quisqueyano: A nickname for Dominicans. The term is derived from *Quisqueya*, a pre-Colombian name for the Dominican Republic.

Reinita: A small black bird with a yellow breast.

¡Sal, carajo!: Come out, damn it!

Salsa: A candent and rhythmic music and dance form associated with Latin America, especially with the Caribbean region.

Sancocho: A stew made of assorted meat and root vegetables, and traditionally served with plain white rice.

Tacita de café: A cup of coffee. The diminutive is used here to transmit the idea of affection.

Taínos: Inhabitants of Puerto Rico during the pre-Columbian era.

Teatro Nacional: The National Theater of Costa Rica, a historical landmark in San José, Costa Rica.

Tío: Uncle.

Volcán: Volcano.

De la presente edición:
"MI GENTE: In Search of the Hispanic Soul"
por Rafael Falcón,
producida por la casa editorial Cursack Books
(Dover, NH, Estados Unidos de América)
e impresa en talleres poligráficos de Quebec, Canadá.
Año 2008
Cualquier comentario sobre esta obra
o solicitud de permisos, puede escribir a:

División español de:
Cursack Books
31 Hubbard Rd.
Dover, NH 03820
U.S.A.